GOVERNE

Os 12 princípios da governança.

Leandro S Araujo

ISBN: 9798388970909

SUMÁRIO

INTRODUÇÃO

Os **12 princípios do governo**, é um manual de vida, de guerra, de reset mental, físico e espiritual, nele falo como mudei o meu mindset e reconfigurei os meus pensamentos, desde pequeno, tive algumas dúvidas, algumas indagações que não obtive respostas quando criança, com a mudança da fase de criança para a fase de vida adulta, obtive novas conexões com novas pessoas e um encontro real com o Criador, essas dúvidas foram respondidas, e comecei a reconfigurar meus pensamentos, deletando os pensamentos negativos e mudando para pensamentos positivos e ativos.

Queria entender, porque como filhos de Deus, passamos por provas, escassez, tristeza e até mesmo medo, não entendia porque as pessoas que falavam em nome de Deus, que dizia que eram filhos e não vivia de verdade como filhos legítimos e prósperos, essas dúvidas batia forte em minha mente, não fazia sentido ser filho de um Deus tão poderoso, que criou tudo e que pode criar coisas infinitamente maiores que podemos imaginar, e saber que nós, filhos, teríamos que viver uma vida medíocre, triste, difícil, até mesmo com dependência de governo, da religião, de falsas esperanças, uma vida vazia e sem sentido. Não fomos criados para somente nascer, crescer, trabalhar, pagar contas e morrer, esse não é o sentido da vida, ainda mais, dos filhos de Deus.

É por isso que vou te mostrar que você nasceu para governar

sobre todas as coisas, você é um filho amado, filho legítimo e tem legitimidade para usufruir de tudo que é de seu Pai.

Você nasceu para governar, para reinar, prosperar e transbordar, de uma forma sobrenatural e exponencial.

Para cada capítulo deixo uma tarefa, esse livro não é apenas para ler, mas para colocar tudo em prática que você leu e para obter uma real transformação.

1° PRINCÍPIO - QUEM SOU? IDENTIDADE

Quem sou? Quem você é? Quem somos?

Você sabe quem realmente você é, quem é o seu Pai e seus direitos?

Muito aos domingos chama Deus de Pai, Aba, Paizinho, mas, na segunda, vivem com uma mentalidade de escravo, nada vale chamar Deus de Pai se você não tem intimidade de filho com ele! É triste ver muitas pessoas querendo usufruir uma vida próspera, livre e feliz, sem preocupações ou medo e não vivem nada disso, tem vidas pré-programadas, uma vida triste, de batalhas travadas e amargar, vivem dizendo que são filhos, e mendiga saúde, paz, alegria, dinheiro, amigos e muitas outras coisas, pelo simples fato de não terem uma real intimidade com o verdadeiro Pai, Pai das luzes, um Pai amoroso que ama o Reino (mundo) acima de tudo...**Porque Deus amou o mundo de tal maneira que deu o seu Filho Unigênito, para que todo aquele que nele crê não pereça, mas tenha a vida eterna (João 3-16 KJ),** mundo aqui é reino, e no reino está a sua família, a família real, os filhos, e porque Ele, o Deus vivo, o Criador de todas as coisas, amou o Reino (mundo) acima de todas as coisas? Você nunca se perguntou sobre isso? Um rei jamais quer ver o seu reino destruído, porque ele é a herança dos seus filhos, é o seu reinado, sua história, seu legado e seu povo, um rei que ama o seu reinado, ama o seu povo, ama todos aqueles que estão a serviço do reino, ele quer que o seu reinado seja eterno, ele quer que seu nome seja entoado em forma de canto, ele sonha que a sua história seja contada de geração a geração, um sábio rei, quer que seu reino seja pleno e perpétuo, ele quer deixar um legado. Veja a história do filho pródigo, muitos estão vivendo a mesma história daquele jovem, outros, estão vivendo como o irmão.

Para iniciar a jornada do governo, você precisa clarificar esse *mindset*, reconfigurar o seu cognitivo e voltar para a casa do Pai, para o Reino. Aceitar ser filho e herdeiro...E, se sois de Cristo, então, sois descendência de Abraão e plenos herdeiros de acordo com a Promessa. (Gálatas 3:29). Essa é a visão que o Criador tem de todos os seus filhos, somos descendentes de Abraão, filhos e representante legal de Deus na terra, isso te dá legitimidade para cuidar e tomar posse do que é do seu Pai, vou dar dois exemplos bem simples para simplificar quem somos, quando você vai à casa de um amigo, e você tem sede, você pede para ele um copo d'água, e ele com simpatia, lhe traz, pela segunda e terceira vez que você vai até a casa desse amigo, pode ocorrer que ele te der um pouco mais de intimidade e pede para você ficar à vontade e ir até a cozinha e pegar a água no bebedouro ou na torneira...naquele momento, gerou um grau de intimidade, mas, ainda assim, com restrições, você não tem total liberdade ou uma intimidade plena de ir até a cozinha, sem falar e pegar a água no bebedouro, ou abrir a geladeira sem permissão, por mais simpático e legal que seja o seu amigo, ele ainda é o seu amigo e você não pode fazer o que quiser na casa dele, caso contrário, seria invasão de privacidade, faz sentido? Veja esse segundo exemplo, na casa de seus pais, quando você tem sede ou fome, você pede para tomar água? Você pede para comer? ou simplesmente você pergunta, mãe, pai, o que tem de bom para comer? rss….na maioria das vezes, você já faz a pergunta abrindo a geladeira ou o armário da cozinha e se serve com uma boa guloseima, bebe o suco, ainda oferece para quem estiver ali naquela casa, isso é a total liberdade e altíssima intimidade que você tem com seus pais, com os seus progenitores. pegou o código desses dois exemplos? Liberdade e Intimidade, isso faz sentido para você? A clareza de quem você é e quem são seus pais é tão alta, que inconscientemente, você tem a plena liberdade para bebe ou comer sem pedir autorização e não fica constrangido ou com vergonha, o triste saber é que a maioria das pessoas não tem essa intimidade e liberdade com o seu Pai Celestial, o seu Criador, o seu melhor amigo. Muitos têm Deus, como um ser carrasco, um Deus bravo, carrancudo, um velhinho de barba branca, um Deus, que pode nos punir por qualquer coisa, muitos leem a bíblia, mas não vivem o que leem, tem como leitura obrigatória, e não tem como um manual, um estilo de vida, a bíblia deve ser um gerenciador de códigos, onde você pega os códigos do reino e acessa o sobrenatural e ativa a vontade de Deus para você aqui na terra. Pare agora mesmo de ler a bíblia e comece a vivê-la, viver a bíblia, é ser testemunho vivo das palavras que estão escritas e contidas nelas...Aquele que tem os meus mandamentos e obedece a eles, esse é o que me ama; e aquele que me ama será amado por meu Pai, e Eu também o amarei e me revelarei a ele." (João 14:21 KJ).

Tudo é nosso, o próprio Deus nos deu poder e autoridade, nos chama de filho e deu o seu unigênito para morrer por nós e nos deu vida, e vida com abundância...

...*eu vim para que tenham vida e a tenham em abundância.* (João

O filho pródigo, ele era muito amado pelo seu pai, tinha acesso a todos os bens e empregados da casa, porém, nada disso era o bastante, pediu ao seu pai a sua herança e saiu mundo afora, desconectou do reino, do seu pai, da sua segurança, ao farrear e gastar todo o seu dinheiro, caiu em desgraça, em um vida triste amargurada, sem rumo, desejou comer o resto de comida, as porcaria que era jogada aos porcos, assim é você que não reconhece quem é o seu Pai, que não aceita viver e reinar em seu reino, que pega tudo que tem e sai pelo mundo, sem rumo, sem visão, sem a identidade ativada, tentando a sorte, vivendo uma vida de tristeza e miséria, cheia de medo, escassez e sofrimento, mas você me diz, Leandro, eu sou afortunado, tenho bens, dinheiro, compro o que quero, vivo uma bela vida, amigo, isso não te dá legitimidade de filho, você pode até ter muito dinheiro, mas se olhar com um olhar clínico e detalhado, vou encontrar escassez no seu casamento, nas faltas de conversas e intimidade com seus filhos, a falta de ética com seus empregados, a sua traição contra o seu cônjuge, as mentiras faladas para os seus membros, você sacrifica os membros da sua igreja para pagar as contas, vive falando mal do próximo, tem inveja ou até mesmo te falta caráter e muitas vezes, vive uma vida de mentira, isso é viver como o filho pródigo, uma vida de falsas alegrias diante dos amigos, mas triste e solitária, quando está sozinho, você pode ter uma vida plena, pode sim ter muitos bens, dinheiro, dinheiro é energia para ser usado como armamento no reino, o dinheiro, eu sei que foi instalado no seu subconsciente que o dinheiro é ruim, que ele é mau, que ele muda as pessoas, dinheiro não é ruim, ele não é mau, ele usado de forma correta, se torna uma arma

8

poderosa no reino, você deve ser o senhor dele e não ao contrário, o dinheiro tem que está debaixo dos seus pés, ao seu serviço, a sua disposição, o amor ao dinheiro, isso sim é ruim, é servir a mamom, ele não deve ser o seu senhor, aprenda a canalizar essa energia de forma correta e transborde de uma forma sobrenatural e assustadoramente, Deus que te dar belas fortunas, porque Ele é um Deus de riqueza, mas também, Ele quer ter dar uma família feliz, plena, realizada, você também pode ter um time de colaboradores felizes e fiéis aos princípios das suas empresas, ter várias empresa que cresce assustadoramente, ter um casamento fiel e digno de um filho de um rei, ter uma igreja próspera que é auto sustentável, um grupo de membros felizes e prósperos, sua empresa pode ser referência em tudo que fizer, seu casamento pode ser base para outros casais, seus filhos serão como foguetes nesta terra, e eles farão obras maiores que as tuas, eles deixaram legados, poderá ter um time de colaboradores exponenciais e disruptivos, com prazo de saída da empresa, porque eles vão herdar os códigos da prosperidades e vão criar os negócios deles, isso é ter uma vida exponencial e prospera, quem está ao seu lado tem que crescer, quem está ao seu lado tem que se tornar maior que você e criar um novo legado para a nova geração, e, isso tudo Ele já te deu, basta você acessar.

Quando aquele jovem reconheceu quem era o seu pai e quão amável ele era, ele desejou no fundo do seu coração, voltar para casa e se tornar um empregado da casa do seu pai, ele está com o mindset desconfigurado, ele foi diagnosticado com o vírus da pobreza e ele tem essa mentalidade de escravo, por que saiu como filho, como herdeiro, mas nunca viveu como o herdeiro e não usufruía como filho, tinha todo o acesso do seu pai, das riquezas do pai, porém vivia como um escravo de luxo, das suas decisões, da sua falta de maturidade, escassez e avareza, mesmo assim ele decide voltar, até mesmo voltar e trabalhar para o seu pai como um empregado e sabe por que? simples, ele sabia quão bem eram tratados aqueles trabalhadores, tinha uma boa alimentação, cuidado, amor, zelo, respeito e festas.

Muitos de nós, querem viver apenas como empregados do reino, acordar cedo, bater cartão, trabalhar de segunda a sexta, fazer umas horinhas extras, folgas aos finais de semana e feriados, receber um belo salário e ao final do mês, se for um bom colaborador, receber uma promoção e férias depois de dozes meses de trabalho árduo, uma pré licença da fazenda, com data e horário de volta, não digo que isso é errado, já fiz parte dessa fazenda, a fazendo é onde engorda o boi, você tem horário de entrada, almoço e saída, se não cumprir, é penalizado, se faltar sem justificativa, é descontado, e você chama isso de liberdade? O Seu patrão é o senhor, seu senhorio, dono do seu tempo? Ele está no governo, se você cumpre todas essas regras, você não governa o seu tempo, você não é senhor do seu tempo, mas você diz, claro que sou, eu mando em mim, então responda para você mesmo, se você ficar 3 dias sem comparecer ao trabalho, o que aconteceria com a sua vaga? Seja sincero com você mesmo, realmente você tem liberdade nessa fazenda? Pense como funciona o sistema, nós os patrões, te damos total falsa segurança, pagamos o seu FGTS, seu convênio médico, vale refeição, vale transporte, alguns, ainda tem o vale creche, e pra que isso? É só pra engordar o boi, quando não fizer mais sentido, enviamos para o abate, você vai ao RH, assina o seu aviso prévio, recebe o seu Fundo de Garantia por tempo de Serviço, engradece, e volta a procurar uma nova fazenda, e lá se foi 10 anos ou mais de trabalho, que você vai reconstruir tudo novamente, um ciclo vicioso, uma falsa liberdade, que é drenada nas suas veias, sua vida dia, após dia, está caindo em formas de gotas pelo ralo, e as cadeias da escravidão se chama CLT, lá damos a sua sentença, com data de entrada e falamos quando é a data de saída, para encontrar um gado, mais forte, mais novo, com mais saúde e disposto a fazer qualquer coisas para ter a sua vaga, digo isso a você que essa é apenas uma fase da sua vida e precisa ter data para acabar, coloca uma data final ainda hoje, nesse momento que você lê esse livro, eu estou te dando um comando, muda agora mesmo de rota, você precisa ser senhor do seu destino, você precisa se tornar o senhor do tempo, pare de vender o seu tempo para o seu chefe, tempo não é dinheiro, foi outro drive errado que instalaram na sua cabeça, tempo é vida, e cada segundo perdido, você não vai recuperar na velhice ou na suposta aposentadoria, se você chegar lá, talvez, mais de 65% não chega na sua velhice e nem vê a sua aposentadoria, morre antes com o estres do trabalho, com as depressões, com o sufocamento de tanto trabalhar, trabalho é castigo, para ter uma vida plena, você precisa ter desfrute e diversão, tudo que você fizer, você precisa fazer desfrutando, se não faz, isso então é trabalho e trabalho escraviza, Adão, toda virada de dia, ao pôr do sol, o Criador o visitava, ele tinha um relacionamento todas as tardes com o Deus Pai, curtia a vida adoidado, dava nome aos bichos, tinha uma vida plena e feliz ao lado da sua companheira, porém, por não ouvir, por não obedecer, perdeu tudo e seu castigo foi sair do jardim, e trabalhar, para ter o sustento, para comer, para viver, para criar a sua família, esse foi o segundo castigo de Adão, o primeiro, perdeu acesso ao Pai, perdeu a intimidade e o relacionamento e foi plantar para obter sustento, cada minuto do seu tempo que o seu chefe possui da sua vida, é parte da sua vida que está indo pelo ralo, e não tem mais volta, seja você o seu patrão, seja você o senhor do tempo, quem governa no tempo, domina sobre todas as coisas, você nasceu para reinar, quem reina e governa, não trabalha para ninguém, dá comando e reina. Você precisa urgentemente voltar para a casa do Pai, reconhecer que você é filho e tem direito a herança e ao seu amor, aquele jovem voltou, seu pai o reconhece de longe, ele pede perdão, se humilha diante de seu pai e papai o abraça e pede para fazer uma grande festa, porque o filho que estava perdido, voltou para casa, voltou para o reino, assim é nós, quando reconhecemos nossos erros e voltamos para a casa de Aba (Paizinho), a festa no céu, quando ativamos a nossa identidade e voltamos para reinar, somos recebido com grande festa, com grande alegria, Aba, nunca nos perdeu, nunca nos viu como escravos, a nossa volta, nos permite se chamados de filhos, filho não pode servir, ele deve ser servido, mas, cuidado, há pessoas como o irmão, que vive ao lado do pai, tem acesso ao reino, e toda herança e não usufrui de nada, o irmão repreende o pai, porque ele fez uma festa em homenagem ao irmão que voltou, é assim você que chama Deus de Aba no domingo, paizinho, e na segunda tem a mentalidade de criado, de escravo, você tem acesso ao reino e não usa a sua herança em seu favor, fica pedindo, pedindo, pedindo, parece um mendigo espiritual na porta do céu, senta na porta e não entra para o palácio e como herdeiro, não senta na mesa...Assim como meu Pai me outorgou um Reino, Eu o designo a vós, para que comais e bebais à minha mesa no meu Reino; e vos assentareis em tronos para governar as doze tribos de Israel.(Lucas 22:30) e você não toma posse do que é seu, pare de ficar mendigando ou pedindo algo   para   Deus   agora!!!!

Isso é um comando do general de dando agora! Ele não quer que você peça, Ele quer que você acesse, mude a sua mentalidade, mude a sua fala, mude agora mesmo os seus pensamentos, em vez de pedir, já comece a visualizar e agradecer, pelas bênçãos, pelo perdão, pela vida plena, pela saúde na sua vida e da sua família, agradeça sempre, porque você já tem, já é seu, você tem legitimidade e precisa aumentar a sua intimidade com Ele, tudo abaixo dos céus já é seu, tome posse, diz aí em grande e bom som, *TUDO JÁ É MEU, JÁ É, EU TOMO POSSE*, se eu te der uma Ferrari e as chaves em tua mão, e dizer que é tua, você ainda assim vai me pedir autorização? Claro que não, é tua amigo, pega na garagem e vai curtir a vida adoidado, assim é Deus, Ele já liberou tudo, é só ir na prateleira e pegar, sacou?

Pare de ser resmungão, para de mimimi, deixe de ser essa pessoa amargurada e pessimista que fica, fica o dia inteiro se lamentando, Ó céus, Ó vida... pare de culpar as pessoas, pare de culpar o governo, a igreja, o seu pastor, o cachorro da vizinha, tira essas roupas de vergonha e coloca a roupa real, a capa e a coroa, você é filho, filha, amado e amada do Deus Vivo, Porém, vós sois geração eleita, sacerdócio real, nação santa, povo de propriedade exclusiva de Deus, cujo propósito é proclamar as grandezas daquele que vos convocou das trevas para sua maravilhosa luz. (I Pedro 2:9 KJ), Ele mesmo afirmou isso, você é príncipe, princesa, herdeiro e propriedade exclusiva dEle, e Ele ainda diz: que o propósito é proclamar as grandezas dEle, como que um servo pode proclamar as grandezas do seu senhor? Não tem como amigo, ninguém dá crédito, essa é a função do filho, da filha, porque tudo que é dEle é seu, é nosso, você tem acesso ao reino, as chaves estão em tuas mãos, ressignifique agora essa mentalidade de mendigo e aceite de uma vez que você é filho(a) e tem as chaves do reino, se sinta amada(o) a partir de agora, por Ele.

Tarefas

Vou deixar 3 tarefas para você executar, não é obrigatório fazer, mas se realmente você quer mudanças em sua vida, você vai executar e obter resultados.

Tarefa 1 - Mudança de pensamentos:

Cite 3 palavras negativas que você costuma falar durante o dia sem perceber e troque elas para 3 palavras positivas, use essas 3 palavras positivas durante 21 dias, coloque aqui a data de início e a data final.

_____
_____
_____
_____
_____
_____
_____
_____

Tarefa 2 - Se veja como um(a) rei (rainha): Durante 40 dias, ao acordar, fale palavras ativadoras e positivas sobre você em frente ao espelho, aconselho fazer logo que acordar, nos primeiros minutos assim que levantar, a forma de como você se vê, assim é como as pessoas te olham, coloque data do início e data do término, anote as principais palavras.

_____

_____

_____

_____

_____

_____

_____

_____

Tarefa 3 - Se de recompensas: Para cada tarefa executada ou problemas resolvidos se de recompensas, quando você resolve algo ou finaliza alguma tarefa, se de presentes, desde a um simples bombom, a algo que o seu coração desejar, quando você se valoriza, você emite ao universo que você está grato e aberto a novas oportunidades.

_____

_____

_____

_____

_____

_____

2° PRINCÍPIO - ASSUMINDO A MINHA VERDADEIRA IDENTIDADE.

E disse Deus: *Façamos* o homem à *nossa imagem*, conforme a nossa *semelhança*; e *domine* sobre os peixes do mar, e sobre as aves dos céus, e sobre o gado, e sobre toda a terra, e sobre todo o réptil que se move sobre a terra. E *criou Deus o homem à sua imagem*: à imagem de Deus o criou; homem e mulher os criou. (Gen. 1-26-27 KJ). Você deve ter lido esses versículos várias vezes e creio que nunca parou para refletir, o tamanho do poder que você tem, porque a maioria não vive nem perto do que Deus está falando aqui, quando realmente você descobrir quem você realmente é, sua cabeça vai explodir e você nunca mais vai aceitar uma vida de escravo, uma vida de miséria, uma vida medíocre, se realmente você é filho de um rei, por que você vive nessa situação que se encontra?

Te pergunto, hoje você vive a vida que realmente sonhou? Hoje você vive a vida que sempre desejou? Ou não está nem perto do que imaginou?

E porque a maior parte dos filhos de Deus não prospera ou não tem uma vida transbordante, feliz e de excelência? Porque aqueles que não tem Deus como o seu Deus vivo, o seu criador, o seu pai, próspera e são exponenciais em tudo que fazem? Creio que como eu, você já fez essas perguntas e até outras, mas, a bíblia é bem enfática referente a isso, veja que Jesus disse em Mateus: Ele faz raiar o seu sol sobre maus e bons e derrama chuva sobre justos e injustos. (Mateus 5:45b), essa parte do versículo é bem enfática, o sol raiar e brilha para todos amigo, independente da sua crença, do seu credo ou da sua fé, o sol brilha para todos, todos aqueles que pegaram o código da exponencialidade, os códigos do reino e da prosperidade, vive uma vida digna de um rei, de uma rainha, de um governante, deixa te dizer algo que vai chocar a sua mente, **AS SUAS CRENÇAS ELAS SÃO MAIORES QUE O SEU DEUS**... e porquê? Assim como você pensa no seu íntimo, assim você é, assim é como você se enxerga, da mesma forma é como você aplica a sua fé e como você vê Deus...Porque, como imaginou na sua alma (mente), assim é...(Prov. 23:07a), Salomão, mesmo sem saber o nome, já sabia sobre neurociência e Metanoia, Metanoia, é mudança de pensamentos, ou mudanças de caráter, é uma reformulação dos seus pensamentos e ações, Paulo é bem enfático nessa questão, em Romanos 12:2 ele nos diz, que devemos transformar e renovar a nossa mente, hoje usamos a palavra mindset, mudança de mentalidade é mudar a forma que nós nos vemos, falamos, andamos e pensamos, mudar a nossa mentalidade, é o primeiro passo para aceitar e ativar a nossa identidade, você só vai chamar Deus de Pai, quando ativar a sua verdadeira identidade Nele, Ele e nós, somos um, temos o seu DNA, como você se vê no espelho, assim a sua alma se vê, porém, você nunca vai ver a sua alma no espelho, e como a sua crença é na sua cabeça, assim a sua alma se comporta.Você precisa aceitar de fato quem é o seu Criador, o seu Pai, o seu irmão mais velho e o seu amigo, a trindade é uma só, os três são um, Deus Pai, Deus Filho e Deus Espírito Santo, você precisa ter intimidade e relacionamento com ambos, trago uma figuração de linguagem para você compreende o que estou dizendo:

Deus Espírito Santo, ou para nós que somos mais íntimos, somente Espírito Santo, Ele é a representação da figura da mãe, a doçura, a delicadeza, o amor, o afeto e cuidado que a mãe tem com o filho, Deus Filho, ou Jesus, O Messias, é a figura do irmão mais velho, o primogênito da família, é Ele que nos defende diante do Pai, Ele é o primogênito dentre os homens, é o primeiro e o último, o segundo Adão, pelo primeiro recebemos a morte e o pecado, por Ele, recebemos vida abundante e perdão, Ele é o único caminho para a salvação, tudo foi feito para Ele e por Ele, sem Ele, nada teríamos, nada seríamos, e assim como que tudo é Dele, Ele nos deu acesso, nos deu pose e também nos chama de filhos e irmãos, somos parte da família, somos príncipes, princesas e sacerdotes, co-herdeiros, filhos amados por Ele e pelo Pai, o primeiro Adão, o primeiro homem, caiu, perdeu o acesso ao jardim, Jesus, pelo seu sangue, pagou as nossas dívidas, nossos pecados, mesmo antes de sermos formados na barriga da nossa mãe, Ele já nos amava e chamava pelo nome, e nos deu novamente o acesso ao reino e colocou o jardim dentro de nós, I coríntios 6:9, e por isso, o Espírito Santo mora e habita dentro de nós, e como está o seu jardim? quem está tendo acesso ao seu jardim? o que tem permitido entrar e habitar aí dentro? Quais são as ervas daninhas que tem te separado do seu Pai, o que está aí dentro que tem te impedido de ter relacionamento e intimidade com o seu criador? O Espírito Santo só poderá morar e habitar dentro de você se a casa estiver limpa, e se a sua identidade estiver ativada, assuma agora mesmo o papel de filho(a), assume a sua herança, as suas posses, feche os olhos e se veja como Deus realmente te ver, Ele não te ver como um derrotado(a) ou um(a) qualquer, Ele te vê como filho(a), como o(a) herdeiro(a), como representante legal DEle na terra, como um vencedor(a), quem tem a identidade ativada, sabe quem é, dá comando, governa, não se importa com as opiniões de outras pessoas e só se curva para o Deus vivo, mas Leandro, como sei que tenho a identidade ativa e que sou filho(a) amado(a)? Simples, você tem a convicção de quem é, tem coração puro, alinhado com os propósitos DEle, está governando na terra e governa nas 3 esferas, no corpo, alma e espírito, você está prosperando em todas as áreas, você transborda conhecimento, é exponencial em tudo que faz, não se submete ao sistema deste mundo e seu foco é o Reino e se sente muito amado(a) pelo Criador, se você não está dessa forma, ou falta alguma coisa para completar, corre agora mesmo, reconfigure o seu mindset, mude a sua mentalidade e veja onde está errando, corrija a rota e viva o novo de Deus.

A partir de agora, se comporte como filho(a) e se sinta amado(a) por Ele, sinta orgulho do Deus Pai, que representa o papel do Patriarca, Deus Pai, Ele é a representação do Pai, daquele que traz o provento para casa, segurança, carinho, amor e morre pela família, é o protetor, ajudador e o general da família. Essa é a nossa família, sinta se amado(a) e vamos juntos tocar o terror na terra, porque somos filhos(a) e generais do reino.

Se você pensa que é derrotado, você será derrotado. Se almeja atingir uma posição mais elevada, deve, antes de obter a vitória, dotar-se da convicção de que conseguirá infalivelmente.
Napoleon Hill.

Tarefas

Vou deixar 3 tarefas para você executar, não é obrigatório fazer, mas se realmente você quer mudanças em sua vida, você vai executar e obter resultados.

Tarefa 1 - Mudança de Mindset:

Durante 21 dias, mude a sua forma de se ver, mude seus hábitos ruins, todos pensamentos negativos, mude por uma imagem positiva e alegre, troque palavras negativas para palavras positivas e poderosas sobre você.

_____

_____

_____

_____

_____

_____

_____

Tarefa 2 - Não se veja como as pessoas te vê, se veja como Deus realmente te ver:

Descreva abaixo como realmente Deus te ver e repita essa fala em voz alta durante 40 dias.

Coloque data de início e data de término

_____

_____

_____

_____

_____

_____

_____

_____

Tarefa 3 - Crie um mapa mental (quadro dos sonhos):

Compre uma cartolina, pega uma revista e recorte tudo aquilo que você deseja ter, exemplo, carro, casa, família feliz, filho, etc.... caso queira, pegue as imagens na internet e imprima e cole na cartolina, coloque o nome daquilo que deseja e data de quanto você vai ter (coloque prazos curtos, médios e longo) Ex: *se você deseja ter uma Ferrari, mas sua situação financeira não deixa você ter ela a médio prazo, então primeiro, deseje ter rendas que seja compatível para ter e manter uma Ferrari.*

_____

_____

_____

_____

_____

_____

_____

_____

3° PRINCÍPIO - MUDANDO O MINDSET

No capítulo anterior fiz uma introdução do que é a mudança de mindset ou mudança de mentalidade, pensamentos, Metanoia, vamos nos aprofundar o que seria uma verdadeira mudança de pensamentos e como você pode reconfigurar o seu atual mindset e atualizar o *software* da sua mente, você é uma máquina, seu corpo e tudo que tem dentro, podemos chamar de *hardware*, o seu cérebro é o HD (*high disc*), ou seja, a capacidade de armazenamento, onde fica gravada todas as informações, dados, e imagens, desde a concepção na barriga da sua mãe, até nesse exato momento que você esse livro, os 12 princípios da governança, seu coração é o seu processador, em Provérbios 4.23 está escrito que é do coração que procedem as fontes da vida. ... É por isso que as Escrituras dizem: "Sobre tudo o que se deve guardar, guarda teu coração, porque dele procedem as fontes da vida" (Pv 4.23), algo interessante em notar, que, o seu coração, ele tem registros, como se fosse leituras de barras de códigos de barras, seu coração, é a porta onde o Espírito Santo fala com você, é o **Walk Talk** para falar e ouvir Deus.

O coração e a mente estão totalmente interligados e todas as questões da nossa vida fluem como se fossem rios nascendo da mesma fonte, chamada coração. O que fazemos para proteger essa fonte, vai determinar o resultado das nossas vidas. Se eu prosperar em meu coração, minha vida também haverá de ser próspera.

E como eu mudo os meus pensamentos? Como mudo o meu mindset? A resposta é simples, mudança de hábitos, mudar hábitos é quebrar paradigmas, reconfiguração de modelos mentais, uma sacudida na rotina em busca de resultados diferentes daquilo que a vida nos vem apresentando, *Albert Einstein* disse: "Loucura é querer resultados diferentes fazendo tudo exatamente igual!", você precisa pensar de formas diferentes, ver as coisas com outra visão, quando falo de mudar de pensamentos ou mudança de mentalidade, estou te dizendo que você precisa fazer, executar, pensar e agir de forma de ativa e positiva, sobre quem você é, sobre o que você faz e como você se comporta, veja o exemplo de Jesus, em todo tempo ele era questionado, interrogado e pressionado pela multidão que o seguia e pelos fariseus da sua época, alguém sempre queria pegar ele no erro, mas ele não errava, somente mostrava fatos e verdades, Ele sabia quem ele era e quem era o seu Pai, aquelas pessoas com má intenções, inflamava em seus corações para descobrir quem Ele era e o que Ele poderia fazer contra a lei, mas,

Ele sabia quem Ele realmente era, quem o enviou e qual era o seu chamado, Jesus tinha convicção qual era o seu propósito, tinha sua identidade ativada, tinha um mentalidade do reino, uma mentalidade forte e blindada, Ele estava nesta terra em forma humana, 100% homem, houve até um teste de fogo por parte de satanás, sem sucesso, ele usou de artimanhas e incentivou outras pessoas a fazerem o mesmo, tentou até usar a própria palavra contra Jesus, assim é você, seduzido pelos pensamentos negativos, pelas falas e comportamentos que você aceita de pessoas de baixa frequência, pessoas negativas e com o coração podre, pare agora mesmo de aceitar opiniões de pessoas que nunca construíram nada, não aceite pessoas negativas em seu círculo de amizade, evite distrações, mudar de mentalidade, é rever seus conceitos, mude a sua fala, a sua postura e as suas ações, a sua forma de falar e andar, diz mais sobre você, do que a sua boca, pessoas de mentalidade medíocre, negativas, resmungonas, anda com os ombros e cabeça baixa, tem uma frequência baixa emitindo energia negativa para todos os lados, você atrai aquilo que você fala, pensa e sonha, pessoas de pensamentos negativos, pessimistas e mimizentas, são pesadas, sempre tem uma desculpa para uma resposta, culpa tudo e todos, culpa o vento, o sol, a chuva, culpa o governo, culpa a crise, culpa o seu líder, culpa o seu pastor, mas, não se culpa por não querer mudar de pensamentos e estilo de vida.

Para aumentar a sua frequência mental e física, você precisa mudar os seus hábitos, como? Mudando a sua alimentação, pare de comer lixo, tenha uma alimentação saudável, tenha práticas de exercícios físicos, leia bons livros, tenha como prática a arte do mindfulness, filtre o que você assiste, corte hoje mesmo o refrigerante os açúcares, pare de fumar, mude a sua fala, evite palavras e pensamentos negativos, fale menos e mostra mais resultados, as pessoas não te dão crédito pelo que você fala, mas pelos seus resultados, então deixe os seus resultados gritarem por você, hoje mesmo, pare de ver tv, ela não vai te ajudar a mudar a sua vida e seus pensamentos, se afaste de pessoas tóxicas, pessoas que não vão contribuir em nada na sua vida, mude de bairro, cidade se for possível, mas não viva mais uma vida de merda, você está se atrofiando nesses pensamentos negativos e retroativos, a depressão nada é mas que viver a vida presa no passado, a crise de ansiedade, é os seus pensamentos pressão em um futuro que nunca aconteceu e muitas das vezes nem vai acontecer, siga essa regra: viva 70% no hoje, no agora, 10% no passado e 20% no futuro, viva o hoje, como se fosse o futuro, o amanhã pode não acontecer e o passado não voltará mais.

Aumente a frequência, ande com pessoas que estão com a frequência maior que a sua, se você senta em uma mesa e você é o mais experto, peço que mude agora de mesa, esteja em uma mesa onde você é o mais burro, quando alcançar ou ultrapassar a frequência daquelas pessoas, novamente, troque de mesa, imagine agora um botão de volume, ai do seu smartphone, ou do rádio do seu carro, ele tem alguns números que mostra na sua tela os valores de decibéis, quando você aumenta, você ouve com clareza, quando você abaixa, se o ambiente estiver com muito barulho, talvez você não consiga ouvir com qualidade, dependendo dos ruídos externo, você pede a clareza do som, dessa forma é os seus pensamentos, seus hábitos, quando eu aumento a pressão de praticar os bons hábitos, minha mente, meu corpo, minhas ações ficam clarificadas e todo o meu sistema recebe o comando e aceita essa nova frequência, da mesma forma quando eu abaixo a pressão, o corpo vai aceitar da mesma forma, porém, começo a ter pane no sistema, com o sistema vulnerado, pode ocorrer de brejas no sistema e o antivírus não responder mais, e o vírus se instala, depois que o cavalo de troia invadir o seu sistema, somente com uma formatação do zero que você poderá usar novamente o sistema com perfeição, essa é a forma de mudar de hábitos, mudança de mindset, é a reconfiguração do seu sistema central, é a reinstalação de um novo sistema e dessa vez usar de forma correta.

Você está no governo dos seus pensamentos, das suas ações, somente você tem a senha que dá acesso a sua mente e ao seu coração, não permita que pessoas dite quem você é, o que você pode fazer ou falar, ouse governar com novos hábitos poderosos para uma verdadeira Metanoia.

Tarefas

Vou deixar 3 tarefas para você executar, não é obrigatório fazer, mas se realmente você quer mudanças em sua vida, você vai executar e obter resultados.

Tarefa 1 - Mudança de Pensamentos:

Reformule todos os pensamentos negativos, para cada pensamento negativo, pense em uma forma positiva que aquilo pode te trazer.

_____

_____

_____

_____
_____
_____
_____
_____

Tarefa 2 - Mudança de Hábitos:

Mude os seus velhos hábitos e inicie uma mudança, inicie novos hábitos, como por exemplo, se fuma, pare de fumar, pratique esportes, se matricule em uma academia, corte o açúcar, mude de bairro, mude os hábitos alimentares.

_____
_____
_____
_____
_____
_____
_____
_____

Tarefa 3 - Mude o seu networking:

Gradativamente, crie novos relacionamentos, crie novas ambiências e novas amizades, se conecte com pessoas que farão parte do seu propósito e não ao contrário.

_____
_____
_____

4° PRINCÍPIO - ASSUMINDO O PAPEL PATRIARCAL

Não posso iniciar este capítulo, sem antes mencionar os meus referenciais em questão patriarcal, tenho como base, os três homens mais importante da história judaica e instituídos por Deus, o nosso Criador, Aba e ao meu pai, Seu Juraci Araújo e o meu mentor e amigo Pablo Marçal, para os íntimos, o *Titi*.

Os Patriarcas da Bíblia, em sua definição mais estrita, eram Abraão, seu filho Isaac e o filho deste, Jacó, que depois Deus mudou seu nome para Israel, o ancestral dos antigos israelitas. Estes três são chamados coletivamente de "patriarcas do judaísmo" e o período no qual viveram é conhecido como era patriarcal.

O significado da palavra "Patriarca" é um substantivo masculino, que traz o maior sentido para Chefe de família; aquele que, por ser o mais velho de uma grande família, merece respeito, obediência e veneração, é o título do líder do clã, da família, que compõe, pai, mãe e filhos, preciso detalhar esse título para muitos amigos leitores que leem esse livro e não são patriarcas, não assumiram o seu papel diante da família, ou de alguma forma ainda não são casados, não compõe de uma família, se você ainda não tem uma família, ou não é casado, ou não tem filhos com sua esposa, quero que você mentalize agora, você brincando no parque com seus filhos, durante essa mentalização fale os nomes deles, quantos são, fale o nome da sua esposa, conte como foi o seu dia, se veja com eles, almoçando juntos, jantando todos juntos na mesa, e você na ponta da mesa, porque você é o líder do clã, você é o patriarca, a importância de sentar na mesa, traz segurança, é momento de comunhão, é nesse momento em que todos da família estão prontos para ouvir os comandos do General. A autora *Devi Titus* aborda esse assunto com maestria no seu livro *"A Experiência da Mesa"*. Com o intuito de levar o leitor a descobrir relacionamentos mais profundos e significativos, Devi defende que a mesa tem um impacto significativo sobre a alma. Ela trata os instantes à mesa como um tesouro que, ao ser aplicado na hora certa, pode resultar em novos níveis de satisfação   nos   relacionamentos.

Através do princípio da mesa, a autora, que é uma das mais reconhecidas conferencistas e escritoras cristãs da América do Norte, destaca que o simples fato de abandonar um hábito como o de sentar-se à mesa e compartilhar a refeição faz com que o indivíduo acabe por se esquecer de valores considerados fundamentais na vida familiar. "Não existe experiência de vida que substitua a conexão e o significado criados ao comermos juntos à mesa", resume ela. O importante é a troca de afeto. E isso é o que constrói uma família, é indispensável o não sentar na mesa, abaixo eu mostro para você 5 benefícios de sentar à mesa e comer com a família.

1. Proporciona momentos felizes
2. Impede o isolamento de quem cozinha
3. Estimula a união da família

4. Incentiva a alimentação saudável
5. Constrói uma boa memória afetiva.

O poder da mesa é extraordinário na vida da família, se você atentar aos detalhes do maior manual de vida que a humanidade já teve, a bíblia, você vai perceber, que o próprio Deus vivo dá instruções a Moisés para construir o tabernáculo e seu utensílios, e sendo, um deles a mesa, o próprio Deus, dá instruções, dizendo, que para fazer a mesa, para que Ele se torne parte do povo e o tabernáculo para se fazer presente, mesa é lugar de instrução, tabernáculo, hoje é a sua casa, o patriarca, precisa estar presente.

Êxodo 25:08-09 (King James) Faz-me, também, um santuário, para que Eu possa habitar entre meu povo. Farás tudo de acordo com o modelo do Tabernáculo e as instruções para a mobília que Eu te revelar.
Se você quer entender mais, leia todo o versículo 25 de Êxodo.

Os três patriarcas da bíblia, foram homens normais, como nós, todos tinha uma fragilidade, um defeito, pecaram, erraram, mas nunca, eram homens como nós, por isso eles nunca desistiram da sua família, de Deus, do seu chamado, todos esses três cumpriram o seu proposito na terra e por isso que detém esse título na bíblia, grande responsabilidades foram dados a eles, grandes provações também foram dadas, e por muitas vezes tiveram tentações, ou até mesmo sentiram se fracos ou incapazes de realizar aquilo que Deus deu como missão a eles, todos nós que somos pais, temos uma grande missão nessa terra, de transformar o mundo, para um mundo melhor para os nossos filhos, criar eles com os princípios bíblicos e educar eles para serem melhores que nós, isso é deixar legado, seus filhos, são sementes, que bem plantados, vão criar novas histórias, empresas exponenciais e disruptivas,, negócios e famílias maiores que as suas, esse é o princípio do seu chamado, Davi ainda não sabia o que era foguete, mais a sua fala se encaixa muito bem no tempo de hoje para como será os nossos filhos, Como flechas na mão do guerreiro são os filhos nascidos na sua juventude (Sal 127-4 KJ)... trazendo para hoje esse versículo, troque a palavra flechas, por foguetes, nossos filhos serão como foguetes, a flecha pode ir até uma certa distância, o foguete, pode ir para um novo planeta, uma nova atmosfera, uma nova galáxia, é um novo patamar, é uma nova geração, é uma nova frequência que chegou na terra, nossa casa precisa ser o QG, o quartel general deste batalhão, você homem, precisa assumir o papel de líder, precisa assumir que você é um general de guerra e está treinando esses meninos para a guerra do futuro, eles vão lutar contra o sistema, serão os novos cientistas, os novos engenheiros, nos novos generais, os novos patriarcas.

Não assumir esse papel, tem destruído várias famílias, há muitos filhos, e filhas perdidas no mundo sem um referencial, sem uma figura paterna, essas crianças, estão crescendo desconfiguradas, estão se moldando a vontade do mundo e dessa sociedade destrutiva, que hoje tudo é normal, tudo pode, as famílias estão se curvando ao sistema e ao marxismo cultural, hoje a cultura está um lixo e o índice de violência doméstica cresceu 44,9% no último ano de 2021, a sua família está indo para o buraco, porque você não assume o papel de patriarca, do cabeça, do referencial, é culpa sua, que não tem identidade ativada, a sua postura como pai precisa mudar, a forma de como fala, age, se comporta diante dos seus filhos, eles aprende com você pelo seu comportamento e não pelo que você fala, aprendi demais com meu pai, pela forma que via ele trabalhando, nunca via meu pai recusar um trabalho para sustentar os quatros filhos, eu, o primogênito, minha irmã mais velha a Débora, a do meio a Susana e a caçula, Leia, meu pai nunca tinha desculpa para não trabalhar, creio que herdei isso dele, tudo que ele ganhava no mês, era investido nos filhos, na esposa, minha mãe, dona Márcia, sempre teve seus belos sapatos, bolsas, todo mês, era roupa nova, perfumes, e os filhos também sempre estavam andando bem arrumados, bem vestidos, sempre tínhamos brinquedos, lembro que dos meus parentes, fui o primeiro a ter um vídeo game, naquela época, era muita grana, meu primeiro contato com videogame, foi com o Atari 2600, era a revolução dos games daquela época, a casa era lotada de primos para querer jogar, me recordo de minha mãe sempre brigar para desligar o videogame, porque naquela época, eles deixavam a tv esverdeada, estragava fácil as *tv´s*, hoje, com a atual tecnologia, isso não ocorre mais, meu pai também, me deu o meu primeiro computador, lembro de me levar a loja, ali no calçadão de Osasco e escolher o meu   primeiro *PC*, então eu via isso nele, esses exemplos, de cuidado, ele é um cara de grandes piadas, gosta muito de fazer gracinha, hoje especialmente com o genro, o Jefferson, brinco hoje que meus pais, eram como os pais do Chris Rock, do seriado "Todo mundo odeia o Cris" (*Everybody Hates Chris)* uma série americana que fez muito sucesso, no ano de 2006, que está até nesse momento no ar em alguns *streamings*, se você já assistiu a série ou pretende ver, veja meus pais naquela série e me veja como o verdadeiro Cris, isso vai resumir a minha história, minha mãe era igualzinha a Rochelle, a mães do Cris, nossos natais e dia das crianças era festa em casa, era simples, mais tinha amor, tinha sempre a presença do meu pai, porque tínhamos a liberdade de poder escolher o que quiser de brinquedo, de roupas, escolhemos o que queríamos comer nesses dias de festas, claro, nem tudo era só alegria, tivemos momento de escassez e dificuldade, mas eu via como meu pai lutava para sempre trazer o melhor para dentro de casa, tinha suas diversões, ele e meu tio, aos finais de semana, era só boteco, era o momento de descontração deles dizia eles, nada demais, apenas para curtir, não me recordo de ver meu pai bêbado, nunca vi, nunca o vi chegar atrasado ao trabalho, meu primeiro registro de CLT, foi através dele, trabalhei na mesma empresa que ele, uma gráfica no bairro da Barra Funda, na cidade de São Paulo, e por ver o modelo de trabalho dele, me inscrevi no SENAI para seguir a mesma profissão, mas não dei continuidade, por que na minha cabeça, não era isso que eu queria e nunca quis, só foi uma forma de querer a aprovação dele e ser igual a ele, isso é modelagem, eu não sabia e nem fazia ideia o que era modelagem, mas já praticava, e graças a Deus não seguir a profissão do meu pai, não que era ruim, só não era o que poderia me fazer feliz, hoje ele se encontra já aposentado, tem sua renda, sua casa, seu carro, durante a fase de adolescente para adulta, fui tomando outro caminhos, trabalhei 2 anos em um banco, na CEF (*Caixa Econômica Federal*), no bairro de Alphaville, na cidade de Barueri, depois passei por algumas empresas de logísticas, escritórios administrativos, virei corretor de imóveis, e me vi crescendo e amando a ensinar, agora estou nessa fase de falar e ensinar mais generais do reino, minha missão agora, é ativar e capacitar mais pessoas para juntos, colocarmos pressão nesse sistema e assumir o autogoverno. E mesmo após a sua conversão do meu pai a Jesus, ele parou de gastar dinheiro e energia em bares, se tornou um cara melhor, ainda tinha um hobby, ele e meu tio Nelson, ou o famoso tio Dinho, ambos tinham um hobby em comum, de construir e soltar balões, era muita grana que eles gastavam, horas e horas de construção, desenhos, noites, mas noites virados, para finalizar e soltar o balão, que levava alguns minutos para subir, eles tinham o melhor time de baloeiros da cidade, quase entrei nessa onda de soltar balões, já cheguei a virar várias madrugadas fazendo isso, mas também não via sentido, até gostava, mas não era o que eu queria, foi aí que comecei a modelar outras pessoas, via grandes caras de sucesso, e como eles falavam, lembro de pegar vários livros do meu pai e ler, via a bíblia de uma forma diferente, foi aí que me deparei com os 3 patriarcas, como eles eram, e como o Deus Vivo falava com eles, nesse período, através de um vídeo na internet, que até hoje não sei como chegou até a mim, vi um anúncio do famoso coach, que estava fazendo um grande sucesso nos EUA, *Tony Robbins*, a partir daí que iniciou essa nova frequência e modelagem, comecei a reconfigurar o meu mindset, a pensar diferente dos meus colegas de vila e de escola, até um certo tempo, não era mais compreendido, por que não queria as mesmas coisas que as pessoas queria, não queria ir a certos lugares e nem mesmo me vestir como eles, comecei a então, ter quebras de padrões, ainda sem saber, iniciei a ressignificar muitas coisas, ir na contramão da manada, pensar diferente, fazer diferente, primeira quebra de padrão, lembro que tinha por volta dos 14 anos de idade, quase esse hobby de balões do meu pai virou paixão, gostava, mais no fundo não via sentido gastar energia e dinheiro com aquilo, creio que mesmo pequeno, já tinha um mindset diferente do meu pai, eu pegava seus livros e lia bastante, e via que aquilo que eu lia, tinha mais sentido para mim do que as falas do meu pai, suas falas não me inspirava, suas ações sim, seus filhos não estão nem aí para o que você fala, eles modelam tudo o que você faz, seus

35

comportamento, é o maior espelho que seu filho pode ter, se seus comportamentos são ruins, certamente, isso refletirá de uma forma ruim na mente dele, se forem bons, refletirá de uma forma positiva, analise e reveja seus comportamentos, eu me lembro sempre dele jantar conosco na mesa, era um hábito da família, lanches sempre às sextas e sábados, aos domingos era dia de acordar tarde, toda família tomava café juntos aos domingos, depois eu ligava o som de casa e ficava escutando velhas músicas com meus pais, e eles contavam a suas histórias de adolescente e quando namoravam, era bem divertido, também herdei esse gosto por músicas, gostei disso, modelei, e hoje sou enjoado por música, sei quando uma música é boa ou não, modelando isso, acabei parando na sonoplastia da igreja que congregamos na época, com 12 anos, já tinha essa responsabilidade, da igreja local, fui convidado para auxiliar no som da igreja sede da cidade, depois em vigílias e grandes eventos, era o cara mais respeitado em questão de som em todo o ministério, aos 19 casei, com a minha linda noiva, na época, Daiane, hoje minha esposa, minha rainha, mãe das nossas duas princesas, Ana e Valentina, mudamos de ministério, assim que chegamos nesse novo ministério, acabei assumindo toda parte técnica, sonoplastia, iluminação, telão e iniciei um novo também, assumindo a EDB (*escola dominical*) aqui chego na segunda virada de chave, onde me encontrei de verdade, nasceu uma paixão, me sentia feliz quando ensinava alguém, quando estudava, sabendo que alguém poderia ouvir uma palavra e seu dia poderia ser transformado, mas, foi aí que percebi, no meu subconsciente, eu tinha modelado o meu pai, mas não tinha visto isso com clareza, após a sua conversão, ele foi consagrado a pastor e me inspirava a forma de como ele pregava, novamente a modelagem, inconscientemente, sempre estava o modelando meu pai, quando solteiro, ele era *DJ*, tocava com seus discos, como era chamado na época, o famoso bolachão, o disco de vinil, nas festas dos amigos, foi uma dessas festas que conheceu a minha mãe, essa figura paterna em minha casa, sempre foi presente, via como meus amigos que não tinha pai presente, ou até mesmo não tinha pais vivos, como cresceram e como estão hoje, boa parte, entraram no crime, ou construíram uma família desconfigurada, outros, são pais solteiros, enfim, uma figura parte presente e participativa, pode mudar um futuro de um filho, pode mudar a história de outras famílias, mesmo com a sua simplicidade, meu pai sempre foi presente e eu o copiava, não pelo que ele falava, mas pelo que ele fazia, a figura paterna ela é o molde para o crescimento do filho, todo filho tem o seu pai como herói, e por falta dessa figura paterna, dos pais ausentes, as mulheres têm assumido esse papel, hoje boa parcelas de mulheres, são mãe, pais, orientadoras e trabalham fora, para cuidar, zelar e sustentar a casa, esse não é o chamado delas, o papel da mulher é ser auxiliadores, amar, cuidar e zelar pela família, claro que elas podem trabalhar fora, isso não é mal algum, se tem a oportunidade de trabalhar, sabendo que ainda terá tempo de qualidade para a sua família, isso é bom, mais o papel principal do homem é trazer o sustento de casa, ser o protetor, ser a referência, zelar e morrer pela família, hoje sou pai de duas princesas, Ana Gabrielli, minha primogênita e minha caçula Valentina, ambas, um milagre de Deus, estou treinando elas para serem rainhas e governar nessa terra, casado com uma linda rainha, minha esposa, bela e amada, Daiane Araujo, sou referência para elas, a minha filha mais velha, um dia disse para minha esposa, mãe, se não for para casar com alguém que não seja igual ao meu pai, eu não quero, a Daiane, então perguntou, e por que filha, a Ana disse, meu marido precisa me amar como pai te ama, cuidar de mim e dos meus filhos como meu pai faz, ele se doa por nós, aquilo mexeu comigo, me ligou um alerta, porque, vi que a forma como eu cuido, zelo e amor que dou todos os dias, faz ela se sentir amada e ter uma base, uma referência patriarcal, ela está modelando o pai e como o pai trata a esposa e filhas, novamente, não é o que falo, mais o que eu faço, ela está com 13 anos e Valentina com 3 anos, quando escreveu esse livro. Ela já tem um norte, de como será o seu futuro marido, precisa respeitar, amar, cuidar e morrer pela família, e ela pegou um segundo código, que sempre pergunto a ela, filha, o que o seu marido tem que amar mais? Ela me diz, ele precisa amar o reino acima de todas as coisas, quem ama o reino, acima de tudo, ama, respeita, zela e morre por ele, pelos filhos, pela esposa, pela sua nação, que é a sua casa é o seu governo, que é o seu QG.

Você precisa ensinar os seus filhos a amar o REINO acima de tudo, somente quem ama e respeita a Deus, respeita e ama a sua família, esteja pronto para morrer por eles, seja você referência e ponto de apoio, a figura patriarcal, pode construir uma família poderosa, como pode desconfigurar e destruir uma família, uma geração e a nação, a sua família é uma nação, é a nação mais poderosa da terra, a família foi a primeira instituição que Deus criou.

Esses códigos poderosos, não peguei todos com o meu pai, que é um grande homem, até hoje se doa e se sacrifica pelos filhos, na sua limitação, sempre deu o seu melhor, boa parte desses códigos poderosos, adquirir com o meu mentor, um grande amigo, Pablo Marçal, ele me ensinou como um general de guerra, o patriarca deve se comportar, a nossa família ela é como se fosse uma máfia, veja nos filmes os filmes de mafiosos, eles são uma família, estão prontos para morrer e matar se for preciso, porque eles têm um elo, tem um chefão, o líder, o patriarca e matriarca, um irmão e um primo, são a mesma coisa, eles têm o mesmo sangue, estão prontos para ir pra guerra, para garantir o nome da família e trazer respeito para o clã, hoje eu sou assim morro e mato pela minha família, estou pronto para tudo, como disse *Muhammad Ali* ou *Cassius Clay* o maior boxeador de uma era, em uma das suas frases: Voe como uma borboleta, ferroe como uma abelha. Suas mãos não podem atingir o que os seus olhos não podem ver, ou seja, você precisa ser sutil como o voar de uma borboleta com a sua família, ser leve, ser flexível, se espontâneo, e astuto como a abelha pronto para ferroar alguém que mexe, ou tenta agredir ou denegrir a sua família, Marçal, me ensinou como devo ser referência com minhas filhas, como cuidar e respeitar a minha esposa, aprendi que a minha casa é o meu reino, nela governo, nela não tem regras, e sim princípios, há uma frase muito interessante dele, quebre regras, mas não quebre princípios, princípios, são tudo aquilo que foi criado antes do 7 dias, em gênesis, a ordem em casa, é Reino, Esposa e depois filhas, essa deve ser a ordem, o reino, a esposa e os filhos, são a representação da trindade, Deus, Jesus e Espírito Santo, se você quebra, uma dessas 2 trindades, você está cometendo um erro fatal, que talvez, seja irreparável.

Você precisa ter um mentor para se espelhar, para modelar, nem todos os códigos que você precisa para se tornar oficialmente um patriarca, vai está no seu pai, muitos que estão lendo talvez não tiveram uma figura paterna, ou outros tiveram ter apenas pais ausentes, mais, uma verdade é, você precisa ressignificar essa ausência, perdoar quem não te assumiu, ou se porventura morreu antes da sua chegada nesse mundo, procure hoje mesmo um mentor, se espelhe, adquira os códigos e coloque em prática, seja o representante, o líder, o governador do seu clã, do seu reino, construa uma família edificada e forte, um castelo forte e inabalável, ficará em pé em geração a geração. Deixe para os seus bisnetos e filhos dos seus bisnetos, uma grande história de quem você foi, deixe registrado um legado para se copiado nas próximas gerações, as famílias estão gritando por socorro e depende de mim e de você assumir esse papel, vamos nos ajudar e auxiliar o máximo de família que conseguir, Pablo diz: o primeiro que se levantar em casa, acorda os demais, vamos juntos comprar essa guerra, saquear o inverno, resgatar novos generais, assumir o papel de patriarca e matriarcas, estejam prontos para a guerra, pois ela já começou e você foi ativado(a).

"Si vis pacem, parabellum"

*Si vis pacem, para bellum é um provérbio em latim. Que pode ser traduzido como **"se quer paz, prepare-se para a guerra"**, geralmente interpretado como querendo dizer paz através da força — uma sociedade forte sendo menos apta a ser atacada por inimigos. A frase é atribuída ao autor romano do quinto século, Flávio Vegécio.*

Em resumo é, se realmente você quer paz, então esteja pronto para a guerra, contra a guerra do marxismo cultural, contra a falsa política, contra o ideologismos de sexo, contra as falsas ideias de modelo de famílias dos dias de hoje, impostas pela mídia, pela internet, pelo governo, pela tv, pela sociedade, proteja a sua família, cuide, zele, morra por eles, salve eles, você tem essa obrigação, eles depende de você, o modelo ideal de família, foi proposta e instituída por Deus, e ninguém muda isso, afine os machados, limpe suas armas, pois estamos em guerra.

Vou deixar 3 tarefas para você executar, não é obrigatório fazer, mas se realmente você quer mudanças em sua vida, você vai executar e obter resultados.

Tarefa 1 - Modelagem:

Consulte os seus filhos, veja o que eles modelam em você, se é bom ou ruim, faça perguntas, veja os seus comportamentos e descreva aqui embaixo, se foi comportamentos ruins, mude os seus comportamentos, melhore a sua relação com os seus filhos.

_____

_____

_____

_____

_____

_____

_____

_____

Tarefa 2- Presença de Mesa:

Se você não tem esse hábito, comece a fazer, escolha pelo menos uma refeição do dia para todos da família se sentarem juntos, faça isso diariamente, crie elo de confiança e de comando de presença.

_____
_____
_____
_____
_____
_____
_____
_____

Tarefa 3 - Momento de Lazer:

Escreva abaixo, quais e quanto tempo de lazer você tem com a sua família, pergunte a eles, o que eles gostariam de fazer? De sugestões.

_____
_____
_____
_____
_____
_____
_____
_____

5° PRINCÍPIO - NETWORKING

Você já deve ter ouvido aquela famosa frase: "Você é a média das 5 pessoas com quem você convive", certo? Com certeza, você tem a mentalidade e a mesma frequência com aqueles que você anda, convive, conversa e tem relacionamento, se você quer aumentar a sua frequência, ou ter um mindset maior, você precisa mudar desse ambiente, mudar os seus relacionamentos, hoje possa ser que, esse grupo de pessoas que você está convivendo, pode está deixando você com um mindset limitado, eu não posso romper novas coisas, aumentar a minha frequência ou reformular o meu mindset, se ando com as mesmas pessoas a anos, com aqueles amigos problemáticos e com pensamentos negativos, ou com aqueles amigos de infância, que não tiveram muita mudanças, desde que você os conheceram, faz sentido? Para aumentar o meu networking, eu preciso mudar de ambientes, de lugares, de trabalho e até mesmo de hobbies.

O networking é a chave mestre do governo, eu não posso governar em terras que já tem um governante, mas, posso me aliar e fazer parte do *squad* daquele governante e juntos aumentar as nossas forças, pelo o nível do seu networking hoje, pode ser difícil você conectar diretamente com a pessoa que você deseja, por isso vou te ensinar como governar nesse assunto, preste atenção nesse capítulo, por que ele mudará a forma de jogar.

Pense nesse momento, com quem e por que você gostaria de se conectar comigo? ou porquê e com quem você gostaria de se conectar com uma pessoa muito importante, um empresário, ou

Hoje com as pessoas que você convive e anda, seria possível ter essa conexão direta? A maioria que está lendo esse livro, não teria essa facilidade, sabe por que? 85% dos seus resultados provêm do círculo de networking, deixa eu te dou um exemplo, você gostaria de se conectar com o presidente da República, você o conhece pessoalmente? Creio que não, quais dos seus amigos o conhece? Ou já esteve presencialmente com ele? Creio que nenhum e como faria para me conectar diretamente ao presidente da nação? Com duas fórmulas abaixo que vou te ensinar e aconselho a você usar a partir de agora para criar novas conexões e ampliar o seu governo.

Ir diretamente no presente é quase impossível, ele é a pessoal bem mais guardada e vigiada na nação, pela sua responsabilidade, pela seu papel de líder e pela representação que ele tem a nação, primeiro passo é me conectar com pessoas que estão bem abaixo dele, com alguém que está dentro da política, ou um grande empresário, dentro dessa nova conexão, me tornar interessante e não interesseiro para essas novas oportunidade e pessoas, antes de tudo, você precisa ser interessante ao grupo, nunca seja interesseiro, ser interesseiro, levará você a sair do grupo e não ser bem visto, gere valor, quem gera valor, deixa o seu nome gravado e é sempre lembrado por aqueles que estão próximo de você, ouças e pesquise as dores das pessoas e sempre tragam uma solução, você será lembrando por duas coisas, pelos problemas que você cria e pelos problemas que você resolve, comece a ter gosto de resolver tretas, quem sempre resolve problemas, ganha reis de outros povos, línguas e nações, enviavam presentes sem limites, para ter uma aprovação de Salomão para ir até ele e ouvi-lo e compartilhar de sua mesa, para terem um momento de sabedoria e aprender como o rei de Israel era tão sábio e virtuoso.

Anota esse código poderoso, se a mesa que você senta, você é o mais interessante e o mais inteligente, você está na mesa errada, mude de mesa agora, mude de ambiente, mude dessa linha de networking que você participando, para se tornar sábio, você precisa ser o mais burro da mesa, o que quero dizer é que, você para se tornar sábio e interessante, precisa aprender com os melhores, codificar todos os seus códigos, analisar os seus comportamentos, andar e vivenciar com pessoas que não vivem por regras e sim por princípios, Pablo Marçal, sempre nos fala, quebre regras, mas não quebre princípios, princípios é tudo aquilo que foi dito por Deus antes da criação, os homens criam regras, Deus tem princípios, e Salomão, mesmo com toda a sua sabedoria, quebrou vários princípios, não deixe que o poder e a ganancia por querer fazer grandes negócios a qualquer preço, faça você querer a quebrar princípios, não se conecte com pessoas sem princípios, ou com pessoas gananciosas, não se conecte com pessoas que não honra a sua família, Deus ou pessoas, ande e compartilhe da mesma ideia com pessoas que estarão com você no mesmo proposito, com a mesma visão.

O networking precisa ser trilhado de forma natural e saudável, não entre em rodas de pessoas que não compartilham da mesma visão que a sua e nem force a barra, a conexão precisa ser natural e
flexível.

destaque, dentro do novo círculo de amigos, crie uma conexão que eu chamo de teia de aranha, a teia de aranha, é como se fosse um hub, uma conexão de internet, onde, você se torna o roteador, uma vez inserido dentro do novo círculo, abra novas conexões, com novas oportunidade, com novos negócios, ainda dentro do exemplo de se conectar com o presidente, agora você já deu o primeiro passo, está no círculo de grandes pessoas que sabe o caminho de chegar até ele, agora você parte para o segundo estágio, deixar que essas pessoas, crie uma propaganda do seu nome, dos seus serviços, da sua relação interpessoal, pessoas interessantes, são aquelas que são lembradas, citadas e apresentadas, quando você se apresentar em uma roda de grandes líderes, empresários, ou artistas, eles tende a menosprezar esse ato, pelo simples fato de estarem em uma posição que você é mesmo importante que eles, anote e aplique essa chave, quando você é apresentado por uma pessoa que já está vinculada dentro desse círculo, automaticamente, a pessoa do outro lado fica mais receptiva e aberta a te ouvir, em um milésimo de segundo, no cérebro dela, você é uma pessoa muito importante, e ela detecta que pode haver algo de interesse para ela, ou você pode portar de uma solução que ela precisa, ou o seu negócio pode fazer sentido para o ecossistema que ela detém, quando você é apresentado, você precisa nos 6 primeiros minutos, gerar um grande valor, nunca, conte o que você faz, como fez e por que está ali, transfira toda essa pressão para a pessoa que você está conhecendo, não é você que deve ficar encurralado, nem com medo, ou se sentir pressionado, mas, a outra pessoa, ao conhecê-la, faça perguntas a ela, em base da resposta dela, novamente faça uma nova pergunta, e se ela te devolver a pergunta, nunca responda, mas, faça novamente outra pergunta em cima da pergunta dela, isso faz com que ela se sinta intimidada por você, vai gerar respeito e você de início não vai abrir todo o leque de opções que ela deve ter sobre quem você é, uma vez ouvi uma frase muito interessante, as pessoas têm dúvidas se você tolo, quando você abre a boca, as pessoas pode ter essa dúvida confirmada, melhor é ser uma sábio em silêncio, do que as pessoas terem a certeza que você é um tolo.

Essa seria a primeira forma de chegar até o presidente, sendo interessante, gerando valor e me conectando com pessoas que fazem parte do círculo de amizade e negócios que ele faz parte.

A segunda forma seria, crescer de forma assustadora e deixar que o seu nome seja levado até ele, como? Em Lucas 2:40, a bíblia disse, que o menino (Jesus) se desenvolvia em sabedoria, estatura e graça na presença de Deus e de todas as pessoas. Quando você cresce em graça e conhecimento, é notório que o seu nome fique relevante, você precisa criar autoridade, governar e deixar que as pessoas fale o seu nome e comece a querer te seguir, um dia perguntaram a um grande líder, você gostaria de ser presidente do Brasil? Ele automaticamente respondeu sem sombras de dúvidas, não, eu não quero, vou me tornar o conselheiro de vários presidentes, sabe por que? Porque *não havendo sábios conselhos, o povo cai; mas na multidão de conselhos há segurança"*. Provérbios 11:14, o que ele queria dizer é que, quem aconselha, detém mais do poder, de quem está liderando, pegou o código? Quando você se torna uma autoridade, governa, tem princípios e se torna sábio, todos os reis da terra querem estar ao seu lado, sentados   e   querendo   te   ouvir. Veja como os doutores da lei ficaram quando Jesus começou a ensiná-los e se tornar grande em sabedoria, Ele mesmo sabedoria, a sabedoria é uma pessoa, e ela se chama Jesus. A| três dias o acharam no templo, sentado na companhia d mestres, ouvindo-os e propondo-lhes questões. Todos os que ouviam ficavam maravilhados com a sua capacidade intelectual com a maneira como comunicava suas conclusões. Lucas cap.: versículos 46 e 47.

Veja o homem sábio que já existiu, Salomão, Deus aparece e pergunta a ele, o que ele gostaria de ter, Deus disse: "Pede-me o que quiseres e dar-te-ei!", Salomão foi bem enfático referente a isso, ele sabia que Deus era com o seu pai, o rei Davi e tinha a certeza que as promessas do Senhor feita a Davi referente a Salomão foram compridas, onde o menino se tornaria rei, mas, Salomão não quiser interesseiro, ele foi interessante e gerou valor para o pai e para Deus, então pede a Deus, sabedoria, nada mais, que intimidade com Deus, Salomão então, montou um time de 24 sábios, Salomão então cria o primeiro grupo de *mastermind*, onde sendo ele o governante, o sábio e líder, todas as suas decisões ela baseada com a ajuda desse grande time, podemos chamar de *dream team*, ou em tradução direta, o time dos sonhos, quando você sabedoria, você precisa compartilhar e aprender ouvi também grandes sábios, para gerar novas experiências e adquirir novos conhecimentos, com isso fará que você fique cada dia mais interessante e dessa forma o seu nome seja levado para outros cantos, com isso, o nome de Salomão ficou tão famoso, que ele não se conectava com ninguém mais todos queria se conectar a ele, era as pessoas que o procuravam, fique tão interessante, de uma forma tão insuportável, que as pessoas de todos os lugares e cidades, vão querer se conectar a você, a história nos conta que

Lembra que falei da conexão teia de aranha? Você já contemplou uma teia de aranha? Mas creio que não pegou o código dessa figura de linguagem, as suas conexões precisa ser igual a teia, a aranha, ela primeiro, cria toda a extensão da teia, fixa ela bem, deixa ela firma, de uma forma que a sua pressa, o seu alimento, fique preso onde quer que ele caia, ela fica no centro, aguardando que uma mosca ou outro inseto passe por ali e grude, é dessa forma que você deve se comportar, ficar centralizada dentro da rede de networking e deixar que as pessoas se conecte com você de tal forma que todos não possa sair, isso só é possível, quando você gera, relacionamento saudável, é interessante, é compatível, é amoroso, ama pessoas, gera valor e continua aumentando a rede de forma assustadora, sua rede de networking precisa ser exponencial e forte, uma rede deve ser ligar a outras redes, para isso você precisa aprender a ser um hub de conexões, às vezes você vai ser um hub de conexão temporária, como um voo com escala, dependendo da cia aérea e do seu destino, algumas cia aérea fazem conexões, exemplo, se quero ir para Nova Iorque, pode ocorrer da cia escolhida, ela pode sair do aeroporto de GRU, (aeroporto de Guarulhos), esse é o aeroporto internacional de São Paulo, para mim, que moro aqui em São Paulo, e fazer uma conexão na Flórida, em Orlando, EUA e depois sim, NY, ou seja, pessoas vão querer se conectar a você para querer se conectar com outras pessoas que estão com uma frequência maior que a sua, mais são pessoas que pertencem a sua rede de conexão.

O segundo hub, é o hub definitivo, um exemplo claro é aquele hub de conexões usb, onde você consegue ligar vários aparelhos via usb, com uma extensão usb, nela consigo conectar o meu celular, o meu mouse sem fio, um *HD* externo e outros aparelhos, e como sempre estou usando vários aparelhos, aquele hub fica ali, fixo, por que sempre vou usá-lo, ai é pessoas que vão querer sempre está conectada a você, a sua missão, aos seus valores e princípios e ao seu propósito.

Você precisa também aprender ***3 códigos poderosos***, que devem ser compartilhados com outras pessoas da sua rede:

1. **Seja a ponte:** pessoas vão passar na sua vida apenas para contribuir com algo, não se prenda a ninguém.
2. **Seja um hub de conexões temporárias:** Você precisa criar novas conexões todos os dias, novas pessoas, novos lugares, novos negócios.
3. **Governe em todos os lugares:** Nunca abaixe a cabeça e nem se diminua para ninguém, você nasceu para governar, sabe que tem identidade ativada, é filho do Deus Vivo e carrega uma parte do seu DNA.

Dica de outro, aplique tudo isso que você leu dos 3 códigos do networking e inicie agora mesmo a praticar.

Quando alguém tem a identidade ativada, sabe quem ele realmente é, quem ele é e quem é seu pai, ele governa em qualquer lugar e situação, não se venda ou não faça conexões com pessoas não te respeita ou não tenha princípios, se valorize, se respeite, se imponha, a sua forma de falar, agir e pensar, coloca respeito a quem te ver e te ouve.

Quando você tem o autogoverno as pessoas te respeitam pelo que você é, e não pelo que você fala, quem governa não dita regras, respeita princípios.

Quem cria e manipula regras, não é governante, é imperador, imperador constrói impérios, em impérios, somente ele fala e prospera, quando você constrói um reino, todos à sua volta tem que prosperar naturalmente.

Uma rede de networking poderosa poderá te levar a lugares jamais sonhados, a negócios jamais vistos, a ambientes chamais falados e a prosperar de forma jamais imaginável.

Mude o círculo de amizade, mude de ambientes, reconfigure a sua forma de pensar, ande e se conecte com novas pessoas, gere valor, deixe legado, multiplique nas vidas das pessoas, uma vez ouvir uma frase, e depois disso apliquei em minha vida, se a pessoa que eu quero me conectar, hoje não tenho acesso e não tenho o caminho, de um presente digno de um rei, essa frase me chocou, porque quando você dá um presente a pessoa que você quer se conectar, isso gera um sentimento de empatia e reciprocidade, quando você instala esse driver na pessoa, ela fica mais receptiva a você, gera conexão e um sentimento de gratidão, quando escrevo esse livro, conto, como uma pessoa usou isso a favor dela, hoje é um dos nossos colaboradores, me deu um presente digno de um rei, certo dia ele sentou na minha mesa, começou a falar sobre café, algo que gosto muito e diariamente, fazemos um café moído na hora, e compartilhamos com alguns colegas da empresa, ele me pediu para abrir um site e começou aleatoriamente a me mostrar algumas coisas sobre café, depois abriu um site de uma vinícola do sul do país, muito famosa, vinícola da família *Vadulga*, conhecido mundialmente como Casa Valduga de Bento Gonçalves do Rio Grande do Sul, (RS), e me mostrou o espumante *130 Blanc de Blanc*, produzido pela Casa Valduga, que ganhou visibilidade internacional ao vencer no ano de 2020 o concurso *Vinalies Internationales*, em Paris, na França. Diante da láurea, inédita para um vinho brasileiro, este espumante foi eleito o melhor do mundo, dias depois, ele me diz, cara, comprei aquele vinho, vi que você gostou demais, e quero que você aceite como um presente de gratidão, dias depois ele chegou com uma sacola bem grande na empresa, a Plataforma Internacional ao qual hoje eu faço parte, a Plataforma Internacional, é a holding, das 17 empresas que compõem o grupo, dessas 17 empresas, eu faço parte da startup de tecnologia, que trabalha com educação no digital, a Xgrow, e dela nasceu um produto, há qual eu sou COO (tradução direta: Diretor de Operações) da Eventx, um aplicativo voltado para vendas e gerenciamento de eventos, ele me deu esse presente digo de um rei, me sentir muito especial e faltou palavras para descrever o recebimento desse presente, ele me disse, isso é para você abrir e comemorar com sua esposa para uma data bem especial, eu obedeci o comando do general, este vinho está muito bem guardado em casa, e irei abrir em uma breve data, para comemorar uma grande vitória que já está a caminho, contarei no próximo livro, vocês irão comemorar juntamente comigo, sobre esta grande vitória, e porque ele me deu? Quando entrei para trabalhar na Plataforma Internacional do Pablo Marçal, eu era do time do comercial, nós éramos responsáveis por vender o método

IP, o maior treinamento do Brasil, onde pessoas são ativadas, têm suas identidades ativada e elas aprender a governar, *Método IP*, foi a minha virada de chave, aconselho demais a você fazer, se ainda não fez, faça, então nesse período, ele conheceu o Pablo e queria fazer o treinamento, que é uma imersão de 2 dias, de confronto, ressignificação e reaprendizagem, nisso nos conectamos, ele fez o treinamento, participou algumas vezes como staffs e queria muito em se conectar conosco da Plataforma e com o Pablo, e como ele faria isso? Fez como o primeiro exemplo que dei do presidente, começou a cerca pessoas e a mim, que somos mais próximos do Pablo, para poder entrar no ecossistema, fazer parte da família, e andar com pessoas que estão no mesmo propósito, missão, valores e princípios, e nesse novo networking que ele mesmo criou, ele gerou muito valor, respeito e se alinhou ao propósito, dias mais tarde, hoje ele fazer parte do time, é um dos caras mais sorridentes e felizes que vejo dentro da empresa, sempre com uma frequência super alta, alegre e brincalhão, ele sempre está gerando valor, sempre está prestativo as pessoas, ele me disse que me deu este presente, digno de um rei, porque de alguma forma, eu o ajudei a entrar no ecossistema e hoje ele faz parte da nossa rede de networking, onde ele acessa a todos os que ele quer, e aprender a expandir a sua rede de forma assustadora e exponencial. Ele foi intencional, tudo que você fizer, seja intencional, gerando valor e não quebrando os princípios.Governe nos relacionamentos e seja interessante para outras pessoas.

Guarde isso, Jesus não andava com ninguém, era a multidão que o seguia, Ele gerou valor, foi intencional, quebrava regras, mais nunca quebrou princípios, chamou 12 para o seguir, gerou novos discípulos, porque os discípulos foram treinados e receberam o comando de gerar novos discípulos, Jesus tinha um *life style*, Jesus não tinha religião, se cristão é ter o estilo de vida de Cristo, viver a palavra e andar por princípios, Ele se conectou com uma mulher adúltera, Maria Madalena, para mostrar o princípio da salvação, Ele se conectou com Lázaro, porque tinha o como amigo, repousava e comia em sua casa, para um lugar de descanso, Ele se conectou com José de Arimatéia e a Nicodemos, porque ambos eram homens ricos e de influência, foi Arimatéia que pagou pelo o túmulo de Jesus e foi ele que pediu a Pôncio Pilatos para liberar a retirada do corpo de Cristo da Cruz, para não apodrecer e ser comido pelos bichos, era de costume e tradição dos romanos, deixar os corpos dos condenados na cruz, se decompor até serem lançados em uma fossa comum. Porém, Jesus recebeu um tratamento diferente, graças a José de Arimatéia, que usou sua influência para obter seu corpo e o enterrar em um sepulcro, que ele havia comprado para si. Contudo, ele teve que se apressar, porque em breve seria a Páscoa judaica, e ele não poderia participar da festa porque estava impuro, por ter entrado em contato com um cadáver. Por isso, foi ajudado por Nicodemos, que levou uma grande quantidade de óleos perfumados. Tudo que Jesus fez em suas conexões, ele foi intencional, as conexões tinham um propósito, as suas conexões devem ter um propósito, você deve se perguntar, porque deve me conectar com fulano? O que ele pode agregar no meu propósito, qual caminho ele vai seguir? O que eu farei por ele e o que ele fará por mim no futuro? É o momento certo de me conectar a essa pessoa? Faz sentido para você porque tudo que Jesus fez, Ele foi intencional, não se conectou com quem não faria parte do seu propósito, Ele não se conectou apenas para obter fama, visibilidade ou dinheiro, Ele não se conectou com pessoas que queria algo apenas algo temporário, Ele se conectou com as pessoas certas, com pessoas que deixaram as suas histórias gravadas e outras que levaram o seu legado para outras gerações, com quem você anda se conectando? Quem são os seus amigos? Na hora difícil quem você pode   contar?

Quem vai te honrar em sua presença e na sua falta? As suas conexões de hoje te levam para um futuro próspero ou te sugam? Te alavancam, ou são rodas presas? Só você cresce no seu círculo ou todos estão crescendo? Se somente você cresce, você não está governando, está criando um império.

Você precisa também ter o networking patrocinado, o networking patrocinado, são pessoas que vão te promover, na sua ausência, lembra da história do José do Egito?

Ele foi vendido pelos seus irmãos, como escravo, porque falou da sua visão, e quando alguém governa em casa, quem não está no propósito, vai fazer de tudo para isso não acontecer, José era o filho amado, pelo seu pai, Jacó, que depois virou, Israel, filho amado de sua mãe, Raquel, filha mais nova de Labão, o tio de Jacó, José teve uma visão e contou que o Sol e a Lua e as estrelas se dobravam diante dele, o Sol representava o Pai, a Lua a Mãe e as estrelas, os irmãos, José errou em contar? Não amigo, ele apenas viu o coração da sua família, você deve contar a sua visão para todos, dessa forma, as pessoas te mostraram o coração, a bíblia é bem clara sobre isso: Sobre tudo o que se deve guardar, guarda o teu coração, porque dele procedem as fontes da vida. Provérbios 4:23, é do coração que vem o que verdadeiramente a pessoa sente e fará com a sua visão, foi isso que aconteceu com a família de José, os pais riram e não acreditaram, os irmãos além de não acreditarem, zombaram dele, porque ele era sonhador e tinha a certeza de onde José podia parar, José sabia quem ele era, tinha a sua identidade ativada, sabia quem era o seu pai e o seu Deus, ele sabia que aquilo não foi somente um sonho, mais uma visão vinda direto da fonte, de Deus, seus irmão ficaram com ciúmes e inveja, porque José mesmo sendo um menino, menor entre os seus irmãos, ele já governava, tinha o governo sobre as tuas emoções, os irmãos o venderam como escravo, governou também como escravo, foi parar da casa do seu senhor, Potifar, homem de grande respeito no grande Egito, braço direito de Faraó, e general de exército egípcio, e na casa do seu senhor, ele também governa, vira o homem de confiança e respeito dentro da casa do seu senhor, e diante da situação da sua senhora, mulher de Potifar querendo deitar-se com ele, ele governou as suas emoções, preferiu a morte, a correr, do que quebrar princípios diante do seu Deus, mesmo sabendo que era direito da sua senhora deitar-se com ele, escravos eram mercadorias, os senhores da época fazia o que queria com sua mercadoria, ele era propriedade dela, mesmo assim, ele preferiu a sentença da morte, não quebre princípios por alguns minutos de prazer para se beneficiar de algo, não quebre princípios para fazer negócios ou networking, a uma lei entre Judeus, eles nunca fazem negócios com quem quebra princípios, especialmente com homens que não honra ou traem suas esposas.

Preso, José também governou, a bíblia diz que José detinha das chaves da cadeia, como em sã consciência um chefe de presídio poderia dar a chave da cadeia a um condenado? Se você fosse o diretor de um presídio, daria a chave a um criminoso para gerenciar a cadeia? Creio que não, mais, isso é pra poucos, o diretor daquela prisão, sabia quem era José e via como ele tinha o autogoverno, (Gen. 39-22).

Na prisão, José tendo o governo do local, conhece o padeiro e o copeiro, aqui te mostro como te o networking patrocinado, José decifrar os sonhos do padeiro e do copeiro, dizendo que o padeiro iria morrer e o copeiro, iria voltar ao seu cargo e servir ao rei, a Faraó, pega esse código, José foi interessante, gerou valor foi e intencional, ele decifrou o sonho do copeiro e disse: ..."Quando tudo estiver indo bem com você, lembre-se de mim e seja bondoso comigo; fale de mim ao faraó e tire-me desta prisão, pois fui trazido à força da terra dos hebreus, e também aqui nada fiz para ser jogado neste calabouço". (Gen. 40-14 e 15), o padeiro, foi morto 3 dias depois do sonho, não fazia sentido para José se conectar com ele, mas ele se conectou com quem tinha sentido para o seu propósito, mesmo assim, ainda não era o tempo de José, a bíblia diz, que 3 dias após o sonhos, do copeiro e do padeiro, o copeiro, foi restituído ao cargo, no dia do aniversário do Faraó, e não se lembrou de José, José ainda passou 2 anos na prisão, após 2 anos, o próprio Faraó, tem um sonho e ninguém consegue interpretar, é aí que o networking patrocinado funciona, as pessoas vão lembrar de você de duas formas, dos problemas que você cria e dos problemas que você resolve, seja lembrado pela a segunda opção, resolvas as suas tretas e tenha soluções para resolver as tretas de outras pessoas, ..." Pela manhã, perturbado, mandou chamar todos os magos e sábios do Egito e lhes contou os sonhos, mas ninguém foi capaz de interpretá-los.

Então o chefe dos copeiros disse ao faraó: "Hoje me lembro de minhas faltas. Certa vez o faraó ficou irado com os seus dois servos e mandou prender-me junto com o chefe dos padeiros, na casa do capitão da guarda. Certa noite cada um de nós teve um sonho, e cada sonho tinha uma interpretação. Pois bem, havia lá conosco um jovem hebreu, servo do capitão da guarda. Contamos a ele os nossos sonhos, e ele os interpretou, dando a cada um de nós a interpretação do seu próprio sonho. E tudo aconteceu conforme ele nos dissera: eu fui restaurado à minha posição e o outro foi enforcado". O faraó mandou chamar José, que foi trazido depressa do calabouço. Depois de se barbear e trocar de roupa, apresentou-se ao faraó.

Onde você estiver você precisa governar e ter soluções para alguém, dessa forma as próprias pessoas do seu networking vão te indicar, falar o seu nome dentro dos palácios, vou anunciar o seu nome diante das autoridades e grandes líderes, José em nenhuma momento se deixou abater ou deixou a atmosfera do local o moldar, pelo o contrário, onde José passou, ele foi ativador de atmosfera e moldou o local, porque ele sempre governou, tinha o autogoverno, sabia que era, quem era o seu pai, seu Deus e quem o chamou, identidade ativada é quando eu sei quem sou e o que posso fazer, quem governa muda situação, dá ou tira sentença, muda o ambiente e transforma pessoas, tenha em sua rede e nas redes de outras pessoas, pessoas que vão te patrocinar para resolver uma treta, dá solução a alguma coisa ou ser a pessoa que vai liderar um projeto, ou gerenciar uma empresa e uma nação.

José, governou diante dos olhos de Faraó, interpretou o sonho e deu a solução, você quando ver um problema diante dos seus olhos, devem, interpretar e dar soluções, de curto, médio e longo prazo, precisa ser específico e clarificar a visão, e ser intencional, José deu todos os detalhes de como resolver o problema, quando você fala com clareza e mostra todos os detalhes, ninguém melhor do que você para gerenciar e governar naquele assunto, foi assim com o Faraó, ele viu que José tinha todas as instruções e métodos para resolver a interpretação daquele sonho, por isso, fez dele o vice rei do Egito, o **Gran Visir**, governador de toda a terra do Egito, ninguém além de Faraó estava acima de José, ..."O plano pareceu bom ao Faraó e a todos os seus conselheiros. Por isso o faraó lhes perguntou: "Será que vamos achar alguém como este homem, em quem está o espírito divino?" Disse, pois, o faraó a José: "Uma vez que Deus lhe revelou todas essas coisas, não há ninguém tão criterioso e sábio como você. Você terá o comando de meu palácio, e todo o meu povo se sujeitará às suas ordens. Somente em relação ao trono serei maior que você". E o faraó prosseguiu: "Entrego a você agora o comando de toda a terra do Egito". Em seguida, o faraó tirou do dedo o seu anel-selo e o colocou no dedo de José. Mandou-o vestir linho fino e colocou uma corrente de ouro em seu pescoço. Também o fez subir em sua segunda carruagem real, e à frente os arautos iam gritando: "Abram caminho!" Assim, José foi colocado no comando de toda a terra do Egito. (Gen.: 41 versículos 37-43).

Isso acontece com quem governa, é relevante, cumpre princípios, ama o reino acima de todas as coisas, é interessante, não é interesseiro, gera valor e é intencional.

Vou deixar 3 tarefas para você executar, não é obrigatório fazer, mas se realmente você quer mudanças em sua vida, você vai executar e obter resultados.

Tarefa 1 - Crie novas conexões:

Marque 3 pessoas que você gostaria de se conectar, como e quando.

_____

_____

_____

_____

_____

_____

_____

Tarefa 2 - Seja intencional com as novas conexões:

Se conecte com novas pessoas e seja intencional, marque as pessoas que você vai se conectar.

_____

_____

_____

_____

_____

_____

_____

_____

Tarefa 3 - Mude sua ambiência e recicle o seu círculo de amizade.

Se conecte com novas pessoas e seja intencional, marque as pessoas que você vai se conectar.

_____

_____

_____

_____

_____

_____

_____

_____

6° PRINCÍPIO - GOVERNANDO SOBRE TODAS AS COISAS

Não posso começar esse capítulo sem antes, te mostrar o código poderoso que contém nesses versículos, mas Leandro, porque você fala tanto na bíblia neste livro? Esse livro é fundamentado no maior manual de instruções dada por Deus para a humanidade, sem esse manual, nem as leis humanas existiria, tudo é fundamentado nela, na bíblia, a bíblia não é um livro feito para algumas religiões, mas, sim, um manual de vida e leis, nela está contido todos os códigos dados por Deus para nós, os filhos, mas nem todos conseguem decifrá-los e vivenciá-los, por que não ler com atenção, pare hoje mesmo de ler a bíblia e comece a fazer perguntas para ela, até entender realmente o que está escrito ali.

Em Gênesis capítulo 1, versículos 26 ao 31, contêm chaves poderosas, que, uma vez entendida, vai destravar grandes coisas na sua vida, leia esses versículos fazendo perguntas, até você destravar e descobrir essas chaves. "Então Deus determinou: "*Façamos* o ser humano à nossa *imagem*, de *acordo com a nossa semelhança. Dominem* eles sobre os peixes do mar, sobre as aves do céu, sobre os grandes animais e todas as feras da terra, e sobre todos os pequenos seres viventes que se movem rente ao chão!" Deus, portanto, *criou os seres humanos à sua imagem, à imagem de Deus os criou*: macho e fêmea os criaram. Deus os abençoou e lhes *ordenou*: "Sede férteis e *multiplicai-vos*! Povoai e *sujeitai toda a terra; dominai* sobre os peixes do mar, sobre as aves do céu e sobre todo animal que rasteja sobre a terra!" E acrescentou Deus: "Eis que *vos dou todas* as plantas que nascem por toda a terra e produzem sementes, e todas as árvores que dão frutos com sementes: esse será o vosso alimento! Também *dou a todos* os animais da terra, a todas as aves dos céus, a todos os répteis da terra, e a todas as criaturas em que há fôlego de vida, todos os vegetais existentes, como mantimento e sustento!" E assim aconteceu. Então Deus *contemplou* toda a *sua criação*, e eis que tudo era *muito bom*. Houve, assim, a tarde e a manhã: esse foi o sexto   dia.

Se você realmente pegou as chaves, você acabou de decodificar os códigos poderosos que contém somente nessa parte inicial da bíblia, se você entendeu, então você vai entender todo o restante deste manual, a bíblia, aqui se você analisou, até o 5° dia, o Deus Vivo dá comando verbalizando, haja, que no original, é aparecer, ou seja, ele pega a matéria que já existia e traz a existência, tudo que Ele cria, vem DEle, terra, luz, água, vento, fogo, nós e animais, todos e tudo provém DEle, somos uma extensão da criação, Deus é o primeiro artista que já existiu, a beleza da naturel, a doçura da criança, o lindo pôr do sol, a bela brisa, os maravilhosos animais, tudo vem DEle, ainda falando na bíblia, ela nos conta, que o Pai, fez tudo isso para o Filho, Todas as coisas foram feitas através DEle, e, sem Ele, nada do que existe teria sido feito. (João 1:3) e em Colossenses 1:16 diz: porquanto nele foram criadas todas as coisas nos céus e na terra, as visíveis e as invisíveis, sejam tronos ou dominações, sejam governos ou poderes, tudo foi criado por

Ele e para Ele. O Criador é especialista, em tudo que Ele fez e faz, agora preste atenção, tudo que Ele fez até o quinto dia, Ele dá o comando, haja, porém no 6°dia, Eles decidem entre Eles, o Pai, O Filho e o Espírito Santo, em comum acordo, isso é linguagem e unidade, vamos falar mais a frente sobre isso, a unificação da decisão, traz a vida, a maior criação feita por Eles, a trindade, o homem, sim, você é a maior e mais bela criação feita por Deus e não para por aí, Eles simplesmente desce dos céus, se compacta na terra, toca o solo, e começa modelar um boneco de barro, da sua forma e semelhança, Eles se espelham na sua beleza e aplica tudo que Eles tem no homem, a beleza, formosura, inteligência e a esperteza, sim, você é a obra prima do criador, e pra deixar melhor, Ele cria cada um de uma forma de diferente, cada um com o seu detalhe, com o seu jeitinho, com a sua formosura, todos nós, carregamos o seu DNA, mas somos todos diferentes, uns dos outros, somos filhos do mesmo Pai, você é único, não existem e nem vai existir ninguém igual a você, pode ocorrer de aparecer alguém perto de ser igual, mais nunca, 100%.

Aqui chego no maior código que peguei nesses versículos, além de ser exclusivo, não tenho outra cópia minha, no 6° dia, Deus não cria mais nada, sabe por que? Porque Ele construiu tudo isso que você ver que tem na terra, para nós, os filhos, herdar, cuidar, governar, gerenciar e tomar posse de tudo, como assim o Pai, fez para o Filho, Jesus, nós como co-herdeiros, príncipes e irmão de Cristo, também tomamos posse, Jesus, nosso irmão, mais velho, nos deu como presente, na cruz, levando sobre si, nossos pecados, nos perdoando e pagando um alto preço por mim e por você, quando o Deus Vivo, o Pai, cria toda a terra, no 6° dia, Ele faz o primeiro hand-over da terra, para você que não sabe o que é hand-over, na tradução direta, significa, passar o bastão, Ele transferiu a autoridade para nós, nos deu o título de mordomos do céus, tudo é vosso, cuide, zele, alimente-se, tome posse, governe, nos céus, na terra e no mar, tudo está sobre o teu comando, a ordem que você der, os céus, a terra e todo ser vivente tem que acatar, você é meu representante aqui nesse reino, me dará conta, quando eu voltar, o que te dei, multiplica, seja fértil, prospere, transborde e seja exponencial em tudo que fizer, e você não aprendeu nada sobre isso, em vez de está desfrutando de tudo que Ele nos deu, está vivendo como escravo, um dia, pedindo dinheiro emprestado, no outro, com a conta zerada, em outro momento, perdido, sem rumo, estressado, cheio de problemas, porque em vez de está governando, está sendo governado por aqueles que decifraram os códigos contido no manual da vida, a bíblia. **Oséias 4:6 KJA** "Eis que o meu povo está sendo arruinado porque lhe falta conhecimento da Palavra. Porquanto fostes negligentes no ensino, Eu também vos rejeitarei, a fim de que não mais sejais sacerdotes diante de mim; visto que vos esquecestes da Torá, Lei, do teu Elohim, Deus, eis que Eu também ignorarei vossos filhos." Sentiu o que Deus fala neste versículo? O povo estava errando e caído em desgraça, por que não lia, não colocava em prática, os mandamentos descrito por Deus, se você não entender os códigos contido na bíblia, você não vai pegar em nenhum outro lugar, todos os livros, métodos, treinamentos, são baseados nas leis universais da bíblia, por mais que muitos não fala, mas é, nada nessa terra se cria, tudo se copia e modela, nada nessa terra é novo, tudo já existe nos céus, se alguém criou um método ou um curso, ou criou uma música, é porque ele ouviu primeiro essa frequência que venho dos céus, digo para você quando você vai colocar tudo isso em prática e começar andar como governador desta terra, como filho amado, como rei e sacerdote? Toma posse, porque tudo já é teu, ouse governar, com maestria, com firmeza, com alegria, sabedoria e com intencionalidade. Lembre-se, nada é sobre você, é tudo sobre o reino, tudo é sobre nós, sobre Jesus, sobre pessoas, pessoas valem mais que coisas, a ordem deve ser: Reino e depois pessoas, por último coisas, nunca coloque coisas acima das pessoas, elas são o bem mais precioso para Deus, você precisa governar sobre todas as coisas, você homem, precisa assumir a posição de patriarca, do seu reino, que é a sua casa, a sua família, você mulher precisa assumir o seu papel de matriarca, governar em sobre todas as coisas, é prosperar em todas as áreas, ter presença de comando, dá ordem e a ordem se executada, da comando, a o comando se efetuado, as pessoas precisam te respeitar por quem você é e não pelo que você tem, A matriz, que é o Pai, nos fez perfeito como Ele, idêntico, você é a cara do nosso Pai, por isso que é tão belo(a), somos a representação da família de Deus nesse reino, a família é a primeira instituição criada por Deus, é o nosso dever reinar e fazer com que as nossas famílias, governo essa terra, com todo poder e com pressão.

Quem governa, não depende, o bastão já foi transferido, é obrigação nossa prosperar com pressão nessa terra, quando você morrer e chegar no céu, Ele vai ter de perguntar, o que você com os talentos e riquezas que te dei? Lembra do parábolas dos dez talentos? Mateus 25:14-30 e Lucas 19:12-27, Ele vai te comprar, porque você não prosperou na terra, porque você não multiplicou o seu talento, a prosperidade, é um armamento para você guerrear e usar como munição para adquirir paz para o seu reinado, para a trazer a tranquilidade para a sua família, é obrigação sua, dar o melhor para aqueles que você ama, então prospere, e invista pesado no reino, que é a sua família. Você não rouba a glória de Deus quando prospera, você rouba a glória de Deus, quando não prospera, o nível de situação que você vive hoje, é a forma que as pessoas que não conhece Deus, te ver, você está apresentando um Deus pequeno as pessoas? Um Deus limitado? fraco, mendigo? Ou um Deus poderoso, forte, ilimitado, grande   e   que   pode   tudo?

De qual forma as pessoas te enxergam hoje? O medo é uma areia movediça que se retroalimenta. Seja você o mestre do seu destino, o governante da sua alma,

esteja completamente no governo da sua vida, a sua alma deve está no comando, todos ser humano tem dois seres viventes que ocupam o seu corpo, uma desses seres é motivada e responde por impulso e medo, a outra é conduzida pela fé.

Quando o seu ser vivente fé for ativado, ele não reconhece mais o medo, fracasso, limitações, e não reconhece mais a palavra impossível. A sua única limitação é a aquela que você impõe na sua mente, seja imparável, seja ativado, no corpo, na alma e no espírito, você é a representação legal da Trindade, você tem os códigos e as chaves para destravar tudo, bastar acessar, porque até o acesso já te foi dado.

Vou deixar 3 tarefas para você executar, não é obrigatório fazer, mas se realmente você quer mudanças em sua vida, você vai executar e obter resultados.

Tarefa 1 - Cite 3 pontos porque você não está no governando sobre todas as coisas e ressignifique isso:

_____

_____

_____

_____

_____

_____

_____

_____

Tarefa 2 - Qual foi o maior código que você pegou em Gênesis e vai aplicar a partir de hoje em sua vida?

_____

_____

_____

_____

_____

_____

_____

_____

Tarefa 3 - Qual é o papel que você vai assumir a partir de hoje?

_____

_____

_____

_____

_____

_____

_____

_____

7° PRINCÍPIO - QUEM GOVERNA, LIDERA

A dois tipos de pessoas, aquelas que estão governando, e aquelas que estão sendo governadas, em qual lado você está?

Já iniciou este capítulo trazendo uma reflexão, há somente dois tipos de pessoas, ou você lidera, ou está sendo liderado, se está liderando, então está vivendo sobre o governo de alguém, e isso é ruim, porque você acata ordens, tem que cumprir horários, expediente, regras e até engolir algum tipo de sapo, quem está governando, não tem regras amigo, vive por princípios, não afina para ninguém, a não ser somente para o Deus Vivo, quebra todas as regras, vive uma vida leva e dentro da vontade de Deus, não é preso a agenda, horário e pode estar aonde quiser, e quando quiser, não confunda liberdade, com libertinagem, libertinagem, é bagunçado, a pessoa vivem fazendo o que quiser, quebra, regra, quebra princípios, não tem compromisso, com ninguém e nem com ele mesmo, não tem valores e sempre é mal visto, estou falando de liberdade, onde, você pode ser livre, fazer qualquer coisa saudável, no seu momento, na sua hora, do seu jeito.

Você aprenderá mais com os seus fracassos do que com seus sucessos, o fracasso te mostra a verdadeira receita do sucesso, o fracasso te mostrará como não errar mais, convertendo derrota em glória, não tenha compromisso com seus erros, erre rápido, erre barato e não erre mais nas mesmas coisas, assim como Davi, Davi era conforme o coração de Deus, porque ele errava e não errava mais nas mesmas coisas, tinha um coração leal, ensinável e sincero diante do Deus Vivo, por isso ele governou com maestria e seu nome é falado até os dias de hoje, Davi sempre governou conforme a vontade de Deus, teve seus erros e acertos, mas sempre estava procurando agradar a Deus, quando você governa com o coração e a alma alinhada diante de Deus, tudo em sua volta tem que prosperar, a prosperidade é natural, é algo que vem direto da fonte, direto dos céus.

Quem governa, não ouve opiniões alheia, não se curva a ninguém, tem identidade ativada, sabe quem realmente é, vive por princípios e tem respeito das pessoas, quando têm o autogoverno, onde você aparece, tem presença de comando, é notório, como as pessoas identifica quem está governando, o local, tem paz, a ambiência tem uma altíssima frequência, todos querem ser igual a aquela pessoa, pela autoridade que ela transmite, é um respeito mútuo. Esse manual de guerra, vai despertar em você aquilo que já está aí dentro, quero despertar o leão, a leoa, que está dormindo aí dentro, essa fera precisa reagir, quem acordar primeiro em casa, acorda os demais, seja você o primeiro, a levantar, ouse governar, mostre a si mesmo como é você poderoso, o que você pode fazer é ilimitado, Deus, te deu os códigos e chaves para acessar o kairós, assume o manto de príncipe, de princesa e reine no seu governo, seja a autoridade que as pessoas procuram, anote isso, a sua dor, é a cura de outras pessoas, a sua dor, é a antídoto para muitas pessoas, parem hoje mesmo de ser essa pessoa mesquinha e egoísta, que não transborda na vida das pessoas, que não fala do reino, que não celebra a vida, que não prospera, você precisa abrir a boca e contar a sua história, isso é governar, é mostrar aos demais o caminho da vitória, você já tem a receita, o mapa, solte isso para fora, mostre o verdadeiro Deus que você serve, se ainda não o servem, aceite Ele agora aí no seu lar, no seu trabalho, aonde você estiver lendo esse manual de guerra, isso não é um livro, é a base para você se alistar nessa guerra que enfrentamos, de homens que estão se perdendo, não estão assumindo a sua posição de sacerdote, para transformação de famílias, para mulheres que assumiram o papel de patriarca, mulheres que são viral, que estão no papel errada, elas precisam assumir o papel de matriarca, e quem deve ser viril, é o homem, os papéis estão trocados, cada um assumindo o seu papel e governando sobre toda   as   coisas.

Você não precisa salvar o mundo todo, esse foi o papel de Cristo, o seu é salvar a sua casa, a sua família, depois treinar novos generais para o reino e ensiná-los a salvar cada um à sua casa, a sua família, será o quartel general, o QG de treinamento para ensinar novas famílias.

Em Canaã, Deus prepara o Sonho para José, no Egito, Deus prepara José para o Sonho!

Deus usa lugares para fortalecer a promessa em você.

Mas também usa lugares desfavoráveis e cheio de desafios para moldar você para a promessa, aonde você estiver, você tem que governar, porque maior é quem está com você, não afine para ninguém e para nada, você pode todas as coisas naquele que te fortalece, você é e sempre será filho(a) amado(a), general de guerra.

Você precisa governar as suas emoções e governar diante do caos, isso é ter um espírito firme e blindado, no meio do caos, é quando realmente se releve quem você é, quem é você diante das dificuldades? É José que governou, na casa do seu pai? Diante da ridicularização dos seus irmãos? Quem governou como escravo na casa do seu senhor? Ou quando governou no palácio? Ou você é um desequilibrado, sem noção, perdido, desesperado e fraco? Quem é você, governa as emoções, ou ela que está no comando do   jogo?

Já ouviu falar naquela frase? O dinheiro mudou fulano? Isso é balela, o dinheiro não muda ninguém, ele só potencializa, quem você realmente é, ele só mostra quem estava ainda dentro, mesmo sem dinheiro, a pessoas que se deixam ser governado por ele, e a quem governa o dinheiro.

Ouse governar no meio do caos, porque no caos, sai o extraordinário, (Atos 28:5), assuma a sua identidade e depois governe.

Deus habita no meio do caos, a organização orgânica de Deus, não é a organização da mente humana, veja as estrelas, cada qual com o seu nome e cada qual no seu lugar, a vista humana está desorganizada, para Deus está na perfeita ordem.

É na sua maior dor que Deus vai te usar, Ele pede o improvável para gerar o provável

A sua dor está ligada com o seu propósito, Jesus nunca vai te pedir algo que você não tenha, Ele sempre vai provar antes.

Vou deixar 3 tarefas para você executar, não é obrigatório fazer, mas se realmente você quer mudanças em sua vida, você vai executar e obter resultados.

Tarefa 1 - Cite 7 princípios que você está governando:

_____

_____

_____

_____

_____

_____

_____

_____

Tarefa 2 - Você está no governo, ou sendo governado? E porque?

_____

_____

_____

_____

_____

_____

_____

_____

Tarefa 3 - Anote o nome de 3 pessoas que a partir de agora, você vai começar a falar nome, mostre a ela quem está no governo.

_____

_____

_____

_____

_____

_____

_____

_____

8° PRINCÍPIO - LIDERANÇA 360 GRAUS

360° é um círculo completo, uma visão 360° é a capacidade de ver tudo à sua volta sem pontos cegos. Quando você aplica esse conceito aos seus clientes, funcionários ou pessoas da sua família, você tem uma visão completa de quem eles são, uma visão que permite ver cada ângulo do relacionamento deles com você, sua empresa, com seu produto.

O líder é o pilar central de um exército, se ele for fraco, o exército será fraco, a sua liderança é o reflexo de como vai se comportar o seu exército, que pode ser a sua empresa, seus colaboradores, seus clientes ou sua família, a governança da liderança, deve ser diferente da ditadura do chefe, líder lidera pelos exemplos, chefes, lideram com ordem e tortura.

Palavras convencem, mas o exemplo arrasta, ou seja, as pessoas farão algo se você fizer primeiro, por que Jesus foi o maior líder que já existiu? Por que Ele liderava pelo exemplo, de tudo que Ele falava, Ele fazia primeiro, liderar é dar exemplo e assumir os riscos, liderar é colocar as pessoas na frente e você vem atrás ativados e motivando.

O papel da liderança é ativar novas pessoas para o reino, é descobrir que dentro de cada um a muito tesouros, uma creio, que você já deve ter ouvido certa frase, "o cemitério é o lugar que mais tem tesouros, por que ali morrem sonhos, projetos, ideia, certo? Errado, o lugar que mais tem tesouros na terra, é dentro das pessoas, e esse é o papel do líder, ter uma visão raio-x e descobrir o talento de cada liderado, seja ele colaborador ou um integrante da sua família, é saber garimpar e lapidar esse talento, quando eu governo, quem está ao meu lado, também tem que prosperar, se isso não acontecer, não estou liderando, estou chefiando.

A diferencia do chefe o líder, é que o chefe, ele diz, todo momento, eu fiz, eu faço, a ideia foi minha, eu faço acontecer, eu que mando, chefes, tem medo de pessoas com talentos, ele cria uma ditadura, que somente ele cresce, onde, novos talentos, são escondidos nas salas, nas prateleiras, ele nunca fala quem criou, ou teve a ideia de um projeto, ele se sente ameaçado, quando alguém com mais talentos aparece, porque ele não tem governo, não sabem quem é e não tem identidade ativada, porque se realmente soubesse, que juntos, poderia fazer coisas ainda maiores e todos prospera de forma disruptiva, o chefe lidera pela razão, medo e rigidez, o líder, lidera pelo coração, com a alma, ama pessoas, governa junto, aceita ideias, compartilha de informações, traz para dentro, todos aqueles que compartilha de ideias variadas, um conjunto de ideias, vale mais que uma única ideia, ele sabe encontrar o melhor das pessoa, governa com justiça, dá voz a quem precisa e promove quem é melhor do que ele, o líder não busca benefícios, ele busca soluções e serve se como exemplo, liderar é monitorar, delegar e promover, é criar a expansão do reino, o verdadeiro líder, não governa sozinho, ele cria um ecossistema, onde todos podem governar juntos, compartilha das mesmas ideias e aceitas novas ideias, o líder morre primeiro, assume os riscos e sempre tem o controle das situações.

Ter a visão 360 graus, é analisar tudo e todos, é ouvir e ser ouvido, é criar e aceitar novas criações, é respeitar e ser respeitado, é promover a unidade entre todos, é compartilhar de informações e sempre colocar pessoas acima de coisas, é lapidar novos talentos, ensinar, educar e dá acesso a novos voos.

A visão 360 graus, é pegar todos os pontos fortes e fracos, fazer um balanceamento e aumentar a performance, que seja do colaborador, ou da sua família, o papel do líder 360 graus, é ser um impulsionador de novos talentos.

Os homens com sede de poder criaram estátuas próprias para que o povo pudesse adorar e se prostrar diante deles, isso é quando é um chefe na liderança, eles criam um império, manipula e obtém poder sobre o povo.

E Deus colocou a sua imagem e semelhança no homem para este ser o seu representante na terra, o mordomo, para que o homem glorifique a Deus, é por isso que você deve ser um líder, para governar conforme a vontade de Deus.

Impulsionar pessoas, é o maior legado que um líder deve ter, o líder é a base de lançamento, as pessoas são os foguetes, o papel do líder é descobrir novos talentos, gerar novas experiências, garimpar tesouros escondidos dentro das pessoas, os quais ela nunca pensaria que teria aquele dom dentro dela, é capacitar e gerenciar, dando a oportunidade do liderado ter micros resultados, a curto prazo, e auxiliando a ter novos resultados, tendo a experiência de subir de nível, com grandes resultados, micros resultados cura, descubra onde é a dor da pessoa, o que impede dela de crescer, seus traumas e seus bloqueios emocionais, liderar é ter relacionamento, é ter acompanhamento, lembre-se, o liderado você deve delegar tarefas e não delargar, delargar, é dá tarefas e não fixar o acompanhamento, não cuidar, não orientar, você deve sempre ser claro em suas demandas, orientar com bastante detalhes e ser específico naquilo que você solicitou.

Isso também se aplica na sua família, em casa, o general de guerra, o patriarca, deve orientar com diligência, sabedoria, ter clarificação da sua liderança e do seu propósito, auxiliando, cuidando, zelando, amando e supervisionando os seus filhos, sua esposa, deixa te dá um exemplo, que ouvir, um tempo atrás, está tendo um caso muito interessante, as baleias estão cada vez mais raras, corremos os risco de extinção das baleias, e o número de vacas, está cada vez maior na terra, hoje as vacas, estão aumentando o efeito estufa na terra, É, sim! Durante a digestão, bois e vacas produzem muito metano, um gás que contribui com 23% do efeito estufa e é 21 vezes mais ativo que o gás carbônico na retenção dos raios solares que aquecem o globo, e por que isso? porque a vaca, virou uma propriedade, quase 90% das pessoas da terra, tem ela como consumo, como alimento em suas refeições, é uma produção em grande escala, o mercado é muito grande, é um patrimônio que é muito bem cuidado e tem auxílio e investimento de todas as formas, e porque não tem isso com as baleias?

Simples, porque não tem fiscalização, o número de pessoas que consomem algum tipo de carne de baleia, é quase zero, mas, os caçadores as caçam, para adquirir a sua gordura e transformar em óleo, para lamparinas e outras finalidades, e com esses dois exemplos, da baleia e da vaquinha, quero te mostrar, como está a sua família, a sua família é como a baleia, está sendo extinta, destruída, sozinha, abandonada, sem o seu cuidado, você investe neles? Qual é o tamanho do investimento? Eles se sentem seguros com você? Você transmite segurança? Seus filhos estão se perdendo no álcool, no vício das drogas? o seu cônjuge, como ele se sente, quando você não está perto? Quem é você longe da visão deles e quem é você dentro da visão deles? Ou a sua família, é como um rebanho de vaquinhas, onde tem segurança, são muitos bem cuidados, tem investimentos pesados, tem segurança, recebem a melhor refeição, você está gerando novos generais dentro de casa? Eles estão multiplicando e sendo prósperos na terra, porque eles se sentem amados, têm cuidado e recebem todo o investimento merecido, porque vocês os amam, qual é a sua família, baleia ou vaquinha?

Abra as lentes e obtenha uma visão 360 graus, analise tudo, converse sobre tudo, seja analítico e detalhista com os seus liderados e familiares, seja específico no que realmente você quer, tenha clareza do seu propósito e visualize onde você quer ir, com quem quer está e como gostariam de estar.

Tenha a visão clarificada do seu futuro, o futuro já começou, o futuro é hoje, é o agora, viva o momento, desfrute do hoje, viva o dia de hoje com se fosse o último, viva todos os dias com intensidade, emita uma frequência positiva por onde você passar, seja luz, seja referência aos demais, seja exemplo, onde você passar, deixe legados, deixe que seus resultados gritem por você, o seu bloqueio tem intimidade com o seu propósito, descubra quais são, ache a raiz da causa, ressignifique, reconfigure o seu mindset e faça o upgrade para ter a visão 360 graus, quem tem a visão 360 graus, ver tudo de dentro para fora e não ao contrário, se coloque na posição da pessoa e veja pelo mundo dela, o que ela está vendo, veja os reflexos, as intenções, veja o seu coração, liderar é morrer primeiro, salvar primeiro, é estar junto até depois do fim.

Vou deixar 3 tarefas para você executar, não é obrigatório fazer, mas se realmente você quer mudanças em sua vida, você vai executar e obter resultados.

Tarefa 1 - Como está a sua governança na liderança?

_____

_____

_____

_____

_____

_____

_____

Tarefa 2 - Como está a sua família hoje? Baleia ou vaquinha?

_____
_____
_____
_____
_____
_____
_____

Tarefa 3 - Você tem a visão 360 graus clarificada? Ou o que falta para clarificar?

_____
_____
_____
_____
_____
_____
_____

9° PRINCÍPIO - QUEM ESTÁ NO COMANDO?

Quem está no comando? Seu cérebro, suas emoções, a sua alma ou o seu espírito?

Vou dar um exemplo bem claro, de como somos e quem deve governar, imagine agora que somos como um carro de corrida, então, a sua alma, é o piloto, o carro é o seu corpo, o seu espírito o motor, pegou o código? Seu corpo, que é o carro, não tem como está no comando, porque se ele estiver no comando, quem vai dirigir?

O Piloto, é a sua alma, ela é eterna, não morre, por mais que você bata o carro e der PT, perca total, a sua alma, ainda vai continuar a sua jornada, quando digo, o carro dá perca total, é quando o pessoa morre, na verdade, ela só perdeu o carro, o piloto, que é a alma, vai adquirir um novo veículo, uma nova estrada, uma nova rota, se o seu corpo está no comando, você está fazendo todas as vontades da carne, se sujeitando, a pornografia, a lascívias, a glutonaria, e outras coisas, que vem destruindo o carro, se o seu espirito está no controle, você não tem controle emocional, você vive por especulações, ouve opiniões alheia, precisa ter aprovação das pessoas, não tem identidade ativada, não sabe quem é, vive por momentos, agora você que governa com a alma, você realmente está no comando, quando a alma governa, o espirito e o corpo, tem que acatar os comando, quando você tem o alinhamento do corpo, mente e alma, você acessa o Kairós, o favor de Deus, o Kairós é o tempo de Deus, nele, não existe o ontem, nem o amanhã, é um tempo vertical, é eterno, não tem final, é infinito, acessar o Kairós, é acessar o favor de Deus.

Se seu cérebro te governa, você vive muito no racional, e quem vive no racional, não consegue acessar o Kairós, vive só se tiver certeza de algo, precisa ter provas, precisa de dados, quem realmente está no governo?

Quando você governa com a alma, você impõe presença de comando, você comando o seu cérebro, seu estômago, sua boca, seus sentidos, tem identidade clarificada, sabe quem realmente é, quem deve ser, a sua alma tem saudades de coisas que você ainda nunca viu, sabia disso?

"Antes mesmo de te formar no ventre materno, Eu te escolhi; antes que viesses ao mundo, Eu te separei e te designei para a missão de profeta para as nações!" Jeremias 1:5, você já viu tudo antes de nascer, Deus instalou drivers poderosos dentro de nós, somos como parte do lego, aquela pecinha de brinquedo, que as crianças monta carros, aviões, cidades, Deus é como se fosse a peça mestre, e DEle provêm todas as outras peças, cada um de nós somos peças desse gigante ecossistema, e você antes de nascer, já viu os céus, mas, quando você nasceu, seus pais, por não terem a identidade clarificada, e muitos ignorantes em suas instruções acadêmicas, foram tirando essas pecinhas, não por maldade deles, mas, porque eles não tiveram essa clarificação de propósito que você está tendo hoje, com esse manual de guerra, ame e respeite os seus pais, da forma de como eles são, não tente mudá-los, em Deuteronômio 5:16 está bem claro esse comando: Honra teu pai e tua mãe, conforme te ordenou o SENHOR, o teu Deus, a fim de que tenhas longa vida e tudo te vá bem na terra que *Yahweh* teu Deus te concede.

E com o seu crescimento, essas peças de Lego são tiradas, na infância, na fase escolar, pelos seus professores, onde gera se os maiores bloqueios, é na fase escolar, depois com a fase adulta, com relacionamentos tóxicos, com amizades destrutivas e com dentro da religião, hoje na fase que você se encontra, muitas peças foram perdidas, e por isso, hoje, ou o seu cérebro, quer está no comando, porque o seu sistema está desconfigurado, para a alma está no comando, você precisa reconstruir essas pecinhas do lego, remontar o sistema, para isso, você precisa mapear, quais peças estão faltando, com quem posso pegar de volta essas peças, onde busco? Quem pode me auxiliar, é buscar ajudar, ter um mentor, aconselho demais, fazer essa autoanálise, entrar pra dentro de ti, cai pra dentro, como Abraão, fazer o Lech-Lecha, é uma palavra hebraica, que Deus falou para o próprio Abraão, olhe para dentro de ti e sai do meio da tua parentela, olhar dentro de ti, é fazer uma análise pessoal, fazer o auto confronto, se confrontar, e não aceitar mais essas situações, se questionar, porque está vivendo dessa forma, não se conformar com a sua família se destruindo, se perdendo, não aceitar o menos que você merece, é aí que descubro um bloqueio em grande parte das pessoas, quem aceita menos que ela acha que merece, é sinal que ela tem bloqueio de não merecimento, a pessoa se sente pequena, ela no subconsciente dela, entende que ela não é digna daquilo, você tem momentos de recompensa? Você compra presentes para você com frequência? Se você compra o melhor para   você?

Qual foi a última vez que você foi para o melhor hotel do país? Quando foi a última vez que você foi no melhor restaurante da cidade com a sua família? Já comprou o carro dos sonhos? Aquela comida que você sempre tem vontade de comer, já fez? ou pediu pelo ifood? Aquela roupa ou sapato que o seu coração tanto deseja, quando ela será sua?

Lembre-se, micro resultados cura, comece a governar com a alma e todos os dias, se de recompensas, tenha o merecimento de receber, lembra na contém na bíblia? Melhor dar, do que receber? Se você tem bloqueios de merecimento, você não consegue te dar pequenos presentes.

Governa agora mesmo com a alma, deixe ela no comando.

Vou deixar 3 tarefas para você executar, não é obrigatório fazer, mas se realmente você quer mudanças em sua vida, você vai executar e obter resultados.

Tarefa 1 - Quem está no comando e o que você vai fazer para mudar isso?

_____
_____
_____
_____
_____
_____
_____
_____

Tarefa 2 - Você tem bloqueio de merecimento?

_____
_____
_____
_____
_____
_____
_____
_____

Tarefa 3 - Tenha micros resultados, faça micros merecimentos diários e aumente com pressão até sentir que não tem mais bloqueio nessa área.
Faça uma lista de todos os merecimentos que você merece, e coloque data para executá-los.

_____
_____
_____
_____
_____
_____
_____
_____

10° PRINCÍPIO - LINGUAGEM E UNIDADE

Este é um tema muito interessante que quero abordar, se realmente você entender somente esta parte, você vai destravar todos os outros princípios da governança, chamo esse tema, de chave mestra, porque ele é a pedra fundamental, antes de tudo você precisa saber a diferença entre unidade e união, não estou falando do açúcar, mais de valores que envolve essas duas palavras, você já deve ter ouvido aquele ditado popular, a união faz a força, correto? Errado amigo, a união, ela é limitada, um exemplo simples disso, é um saco de laranja, como exemplo, imagine agora, um saco de laranjas, com 10 unidades, se ficarem muito tempo junto, uma hora ou outra, uma fruta vai estragar, e é natural, nem todas têm o mesmo tempo de vida, outras podem durar muito tempo sem estragar, outras, podem rapidamente, murchar e apodrecer, e se isso acontecer, também é natural que quando apodrecer, ela contamine as outras que estão sã, porque elas estão juntas, enquanto ninguém for lá no saco de laranja e retirar a que está podre, todas as demais também poderá ficar ruim, por isso a união não é boa, já a unidade, é bem diferente, a unidade, é quando você pega todas essas laranjas e faz delas um belo suco, depois que espremeu as 10 laranjas, elas viraram líquido e micros gominhos, que uma vez separados, é impossível voltar a ser uma laranja inteira, agora, elas estão na fase líquida, sendo um belo suco natural, impossível saber qual era a laranja azeda ou a docinha, agora é tudo uma coisa só, isso é unidade, unidade é impossível separar, união, é passivo de separação, pegou o código?

E a linguagem? Nós somos brasileiros, correto? Falamos o dialeto, português brasileiro, dependendo da região do país, temos sotaques regionais, formas de um pouco diferente de falar, cada estado com seu jeito peculiar, mesmo assim, nos comunicamos com clareza, ouvimos e falamos a mesma língua, temos linguagem afinada, e você percebe quem fala a nossa língua com outro sotaque diferente, automaticamente, você já percebe, essa pessoa é gringa, mesmo falando o nosso português corretamente, mas, ela não tem aquele jeitinho, que somente nós nativos temos, assim eram os homens que viviam em Sinar, na Babilônia, Deus tinha feito acontecer o dilúvio na terra, alertou aos homens para se arrependerem e reconhecer os seus erros e se voltarem para Deus, usou Noé, para ser o líder, através dele, anuncio o fim do mundo para aquela geração, ninguém deu ouvidos, a não ser, Noé e sua família, longo tempo depois, os habitantes de Sina, ordenado pelo tirano arrogante Ninrode, a ideia deles, era, já que Deus destruiu a terra dos nossos antepassados através da água, vamos nos juntar e fazer uma torre que toque até os céus, os homens daquela época, sem estudos, sem nenhum nível de conhecimento técnico, arquitetônico, ou algum tipo de ferramenta tecnológica, construíram a maior torre do mundo, em torno de 2.4km de altura, hoje a torre mais alta do mundo, não passa de 828m de altura, Burj Khalifa, que fica na cidade Dubai, Emirados Árabes Unidos, onde, existe os homens mais ricos da terra, com acesso aos melhores engenheiros, arquitetos e recursos ilimitados, não consegue chegar nem perto do que foi construído naquele tempo, e creio que você ainda não pegou o código por detrás disso, Ninrode e seus liderados, só conseguiram erguer tão torre, porque eles tinham linguagem e unidade, eles governavam como se fosse um, todos estava na mesma frequência, na mesma sintonia, no mesmo propósito, quando o povo se entrega em linguagem e unidade, ninguém pode parar, nem mesmo o maior exército do mundo, não há crenças, limitações, recursos, ou fé que segura um povo conectado a essas duas chaves, amigo, você não está entendo, o quão poderoso é quando o povo entrar com pressão em linguagem e unidade, ninguém poderia parar aquele povo, eles estava determinado, o recorde do prédio mais alto do mundo é deles, ninguém sabia o que era isso, nem para onde ir parar, eles descobriram os códigos mais poderosos da terra, que o próprio Deus teve que intervir e desce na terra e tocar o terror e parar com aquela construção, vamos descer, porque tem um povo que acabou de destravar os dois códigos mais cabulosos da terra.

Amigo, você precisa entender, que depois da queda do homens, algumas travas foram instaladas no homem e boa parte foi se perdendo, por isso com esse manual de guerra, você vai destravar, decodificar e acessar o seu subconsciente de uma forma totalmente potencialidade e exponencial, o seu sistema será atualizada e resetado, todos os cavalos de troia serão excluídos e novos drivers serão instalados, você é uma máquina de guerra, tem potência de 10 bombas nucleares, mais está gritando como uma bombinha de criança, parecendo aqueles estalinhos, porque está com o software ultrapassado e cheio de vírus, o comando está dado, você tem o poder de resetar e reiniciar a máquina já com as novas atualizações, o que você vai fazer com essas códigos, é problema todo seu, o acesso já foi dado, você vai aplicar? Ou continuar nessa vida mimizenta que você leva, todos os dias fica dando desculpas para você mesmo, tendo uma vida de mentira, cansada e frustradas.

Analise bem o que está escrito em Gênesis 11, versículos 1 ao 9, referência Bíblia King James Atualizada, Em todo o mundo, as pessoas se serviam de uma mesma língua, e de uma única maneira de falar. Quando os seres humanos migraram para o Oriente, encontraram uma planície em Sinear e ali se estabeleceram. Combinaram uns com os outros: "Vinde! Façamos tijolos e cozemos-os ao fogo!" O tijolo lhes serviu de pedra e o betume de argamassa. E decidiram mais: "Vinde! Construamos uma cidade e uma torre cujo ápice penetre nos céus! Dessa forma, nosso nome será honrado por todos e jamais seremos dispersos pela face da terra!" O Senhor desceu para observar a cidade e a torre que os homens estavam erguendo. Então declarou o Senhor: "Eis que a humanidade se constitui em um só povo e falam todos a mesma língua, e essa construção é apenas o início de suas iniciativas! Em breve nada poderá impedi-los de realizar o que quiserem! Portanto, vinde! Desçamos! Confundamos a linguagem dos seres humanos, a fim de que não mais se entendam uns com os outros!" E foi dessa maneira que o SENHOR os espalhou dali por toda a terra, e pararam de erguer a cidade. Por isso ficou conhecida como Babel, porquanto ali o SENHOR confundiu a língua de todo o mundo. E, assim, desde a Babilônia, o SENHOR dispersou a humanidade sobre a face da terra.

Novamente, a trindade se reuniu, Deus Pai, Deus Filho e Deus Espírito Santo, para resolver uma treta do homem, os homens daquele tempo estavam ficando impossíveis de controlar, entraram em unidade de uma forma assustadora, não tinha noção que poderia parar os planos deles, o próprio Deus teve que descer e os confundir, tirar a linguagem única deles e para cada um dar outras línguas, quando perderam a comunicação, perderam a unidade, você precisa falar a mesma língua que a sua família, e os seus colaboradores, precisam falar a mesma linguagem que a sua, uma família que tem a mesma linguagem e tem unidade, vira o terror na terra e ninguém segura, nem o sistema, nem o governo, nem o inimigo da nossa alma, nada pode parar uma família determinada e fixada dentro do propósito, quando você entra em unidade e linguagem, você e sua família, se torna um só.

Vou deixar 3 tarefas para você executar, não é obrigatório fazer, mas se realmente você quer mudanças em sua vida, você vai executar e obter resultados.

Tarefa 1 - Você e sua família estão em unidade e linguagem?

_____
_____
_____
_____
_____
_____
_____
_____

Tarefa 2 - Você tem união ou unidade com a sua família?

_____

_____

_____

_____

_____

_____

_____

_____

_____

_____

Tarefa 3 - Quais códigos destes capítulos você vai aplicar?

_____

_____

_____

_____

_____

_____

_____

_____

_____

_____

11° PRINCÍPIO - TENHA PRESENÇA DE COMANDO

Com os 10 princípios do governo que você já leu até aqui, você já foi ativado para o reino, você já tem os códigos de ativação, agora não tem mais volta, não somos os que retrocedemos, nem para pegar impulso, somos catalisadores de potência, não somos como os foguetes da *Spacex* que dão ré, somos, foguetes que só soube, só cresce, que só avança para o seu alvo, somos aqueles que não temos retrovisores, a nossa única visão é para frente, você tem um propósito, precisa cumprir nesta terra para receber a sua coroa nos céus, somos quem venceu na terra, poderá ter coroa nos céus, é por isso somente Jesus hoje tem uma, Deus Pai e Deus Espírito, ambos não tem, e como recompensa teremos a nossa, o nosso alvo é Cristo, é o Reino, é as pessoas, já ativado, você já pode governar, você tem presença de comando, a sua patente de general, foi confirmada, ouse governar, coloca pressão, faça acontecer, aonde você chegar, as pessoas tem que te respeitar, não pelo que você tem, mas por quem você é, depois de ter lido este manual, você foi convocado para fazer parte desse grande exército, o exército de Cristo, somos os trabalhadores da última hora, agora é de suma importância, que você preste muita atenção nessas últimas palavras, porque elas farão parte de novos dias, use como uma bússola, como um norte, esse manual de guerra, foi feito com o coração, a minha alma grita por soltar essas palavras, antes não sabia quem eu era, sem identidade ativada, jamais em meus lindos sonhos imaginei em escrever um livro, agora, finalizando este, já tenho grandes conteúdos para o segundo, terceiro e outros mas, o maior tesouro da terra, não está em Diamantina, cidade de Minas Gerais, nem no cemitério, está dentro de cada um de nós, você e eu somos a perfeita peça que o Criador já fez até hoje, nada mais belo existiu ou existirá, porque somos a imagem e semelhança do nosso Criador, nosso Pai, nosso Deus, nosso amigo, lembre-se, como general de guerra, você exerce tal função, ter presença de comando, não afine para nenhum ser vivo na terra, não aceitar menos que você merece, dá o melhor e o impossível para a sua família, determinar que você já é vencedor e nada, mas nada pode te parar, nem eu, nem ninguém, somente Deus, lembra da história da torre de Babel? Quando os homens decidiram ter presença de comando, linguagem e unidade, ninguém segurou eles, fizeram coisas, que até hoje, com toda a tecnologia e recursos ilimitados que temos hoje, o homem do século 21, não consegue replicar, força autoridade é sinais da presença de comando, se comporte como um verdadeiro general de guerra.

Se você conhece o inimigo e conhece a si mesmo, não precisa temer o resultado de cem batalhas. Se você se conhece, mas não conhece o inimigo, para cada vitória ganha sofrerá também uma derrota. Se você não conhece nem o inimigo nem a si mesmo, perderá todas as batalhas... *Sun Tzu (A arte da guerra).*

Sem conhecer a ti mesmo, você não poderá ganhar as batalhas, Pablo sem nos ensina, eu nunca perco, ou eu ganho ou eu aprendo, então erre rápido e barato e não nas mesmas coisas, seja rápido em aprender com os erros, errou? Corrija a rota, tenha o hiper foco, finalize a jornada, siga em frente, não retroceda, não pare, não de desculpas, pare de mentir para si mesmo, seja um homem, uma mulher de valor e princípios, não tenha compromisso com o erro, errou? reconheça e avance, as pessoas só vão ter confiança em você quando você exercer a presença de comando, precisa se colocar como general, portar como general em tempos de guerra, a sua família está sendo atacada, pela mídia, pela sociedade que aceita qualquer coisa, pelo sistema educacional, pelas crueldades dos maus, é o que você vai fazer? já estamos em guerra e agora você faz parte desse grande movimento que está se levantando e através de você vamos ativar novos generais, coloca pressão, abra a boca, crie o seu livro, faça lives, faça reuniões em casa, com a família, com os amigos, fale sobre o reino, sobre salvação, sobre Cristo, crie a sua mentoria, crie seus cursos, as pessoas precisam ouvir a sua voz, a sua dor, é a cura de outras pessoas, no campo de batalha, não deixe ninguém para trás, o verdadeiro líder, ajuda até o último homem.

Você tem autoridade que vem direto do reino, Cristo já te deu o comando, o que você vai fazer com isso? Deus é o Senhor dos Exércitos, e a vitória já está do Seu lado. Todos aqueles que aceitaram Jesus fazem parte do Seu Reino e do seu exército. Somos chamados para a batalha, e quem está na batalha deve estar sempre atento, para não sofrer riscos. Esteja preparado para fazer parte do exército, e nunca esqueça que o exército deve sempre seguir as ordens do seu líder, neste caso, Jesus, o Marechal de Guerra.

"Eis que *Yahweh* levanta a sua voz à frente do seu exército! Como é imenso o seu exército! Como são poderosos os que obedecem ao seu comando. Como é tremendo o Dia do Senhor. Como será terrível! Quem poderá suportá-lo? Joel 2:11 KJ".

Veja o que Paulo fala na carta de Coríntios: "Porquanto, embora vivendo como seres humanos, não lutamos segundo os padrões deste mundo. Pois as armas da nossa guerra não são terrenas, mas poderosas em Deus para destruir fortalezas!

Destruímos vãs filosofias e a arrogância que tentam levar as pessoas para longe do conhecimento de Deus, e dominamos todo o pensamento carnal, para torná-lo obediente a Cristo. E estaremos preparados para repreender qualquer atitude rebelde, assim que alcançardes a perfeita obediência. Por hora, observais tão somente a aparência externa dos eventos. Se alguém está convicto de que pertence a Cristo, deveria considerar este fato: assim como essa pessoa, nós também somos propriedades de Cristo. Pois ainda que eu tenha me gloriado um pouco mais da autoridade que o Senhor nos outorgou, não me envergonho desse sentimento, pois essa autoridade é para edificá-los e não para destruí-los. 2 Coríntios cap. 10 versículos 3-8 KJ.

Nossa luta não é contra pessoas, é contra o sistema que rege esse mundo, com as potestades celestiais, nossa guerra é contra o mundo espiritual.

Acione o seu GPS, o Espírito Santo, deixe ele te orientar e governar junto contigo, limpe e libere o seu walk-tok, seu coração, deixe ele sempre ligado, por que é por lá que ele vai soltar as coordenadas, seja cheio do Espírito Santo nesse momento e receba a presença de comando direto dos céus, você recebe esse dever, cumpra, pois aqui nesse momento, é somente um treino para a grande batalha que iremos presenciar junto com o Marechal, Jesus Cristo, quando Ele voltar, resgatar a sua amada, a sua rainha, a sua igreja, que somos nós, acredite, a igreja ela nao tem 4 paredes, ela tem 2 pernas, o jardim foi instalado dentro de você, o Espírito Santo não habita em templos feito pelas mãos dos homens, mas pela mão do oleiro, o seu corpo é templo do Espírito Santo.

A terra, entretanto, estava sem forma e vazia. A escuridão cobria o mar que envolvia toda a terra, e o Espírito de Deus se movia sobre a face das águas. Gen. cap. 1, versículo 2 King James, no início, o Espírito Santo pairava sobre as águas, pegar esse código que recebi direto do trono de Deus, foi um download cabuloso, pirei quando recebi, minha mente explodiu, a terra é composta por 70% de água, e o nosso corpo?

Nosso corpo também tem 70% de água, faz sentido isso? e onde o Espírito Santo habita? dentro de nós, isso mesmo, você é portador do Espírito Santo, o próprio Deus habita dentro de você, você é como se fosse os Transformers, os Autobots, eles carregam dentro deles, uma pedra de energia, que dá vida a eles, o AllSpark, ele é a fonte de vida dos Transformers, ele gera potência e força, assim é o Espírito Santo, você é o general Autobot Optimus Prime, eu aconselho a você assistir esse trilogia, se já assistiu, assista novamente e preste muita atenção nos códigos poderosos que este filme carrega, veja a luta entre o bem e o mau, veja como o líder morre pelos seus e como ele pega afeição pelos humanas e decide perder o seu mundo, seus amigos, a até morrer para salvar a raça humana, sua mente vai explodir depois disso. "E vos darei um novo coração e derramarei um espírito novo dentro de cada um de vós; arrancarei de vós o coração de pedra e vos abençoarei com um coração de carne. Eis que depositarei o meu Espírito no interior de cada pessoa e vos capacitarei para agires de acordo com as minhas leis e princípios; e assim obedecerem fielmente aos meus mandamentos! Habitareis, portanto, na terra que Eu, pessoalmente, outorguei a vossos pais e antepassados, e sereis, de fato, o meu povo, e Eu serei o vosso Deus. Ezequiel 36, versículos 26 ao 28 King James.

Vou deixar 3 tarefas para você executar, não é obrigatório fazer, mas se realmente você quer mudanças em sua vida, você vai executar e obter resultados.

Tarefa 1 - Escreve 3 presenças de comando que você já instalou?

_____

_____

_____

_____

_____

_____

_____

_____

_____

Tarefa 2 - Quais resultados obtidos até agora com esse manual de guerra?

_____

_____

_____

_____

_____

_____

_____

_____

Tarefa 3 - Quais rotas você vai tomar a partir de agora?

_____

_____

_____

_____

_____

_____

_____

12° PRINCÍPIO - OUSE GOVERNAR

Chegamos ao final deste manual, onde te apresentei 11 princípios de guerra para governar nesta terra, como rei, como rainha, agora é contigo, o que você vai fazer para governar? o 12° princípio é o último código que vou te passar é só um aditivo para você que já está ativado, ouse governar, seja ousado, tenha intrepidez, seja determinado, avance com pressão, seja com um caça da força aérea brasileira, arranca a mais de 2.000km por hora, você tem potência de alcançar a velocidade de march. 4, o que equivale a 4900.18 kph, acredite, o corpo humano, em extrema força física, mesma fatigado e exausto, ainda compõe de reserva, 40% de energia, ouse usar essa energia como um turbo, gere pressão, seja intencional em tudo que for fazer a partir de agora, voe voos mais altos, assuma o controle total da sua vida, seja o capitão da sua jornada, seja o escrito da sua história, tudo já é teu, tudo Deus já te deu, ouse ousar, ouse avançar, ouse progredir, ouse liderar, ouse ensinar, ouse se aventurar, ouse ser feliz, ouse viver os melhores dias da sua vida, ouse subir de frequência todos os dias, seja você o maior campeão que essa geração já viu, deixe um legado, as pessoas precisam conta a sua história no futuro, as novas gerações, precisam ouvir a sua história, seja uma inspiração para a sua família, para os seus amigos, para a sua comunidade, muitos que leem esse manual, pode ser um foguete, outros um carro de corrida, outros um barco, não importa, o importante é correr o mais rápido possível e alcançar o seu objetivo, que é viver as promessas de Deus para nós, e desfrutar dessa terra como filhos, generais, mordomos do reino, a partir de hoje, você vai parar de pedir coisas para Deus e vai começar a acessar, ele já deu, é tudo seu.

Uma vez li um livro do meu pai, do Pastor *David Yonggi Cho*, o livro se chama, a *4° Dimensão,* é um livro repleto de códigos celestiais, aconselho de mais a você ler, nele você vai descobrir com todos os detalhes de como acessar o kairós, neste livro o Pastor David Cho, mostra como ele parou de pedir coisas para Deus e começo a acessar, bem no início da sua jornada como missionário, na Coreia do Sul, ainda bem jovem, sem recursos, tinha uma vida muito simples, ele tinha em seu coração, em sair e evangelizar o seu vilarejo, porém, dias após dias, começo a ficar cansado, então, teve a ideia de pedi em oração uma bicicleta ao Senhor, dias após dias, pedindo, e sem resposta, aquilo deixou o preocupado, será que Deus não está ouvindo as minhas orações, ele começou a ficar triste, e se questionar, como que posso continuar a falar para pessoas que Deus, é poderoso, que ele nos próspera, que ele cura e salva, se eu não estou vivendo isso? aquilo começou a não fazer sentido para ele, foi aí que o Espírito Santo falou ao coração dele, David, a muitos dias você pede uma bicicleta, mas, não foi especifico de como você queria, a tantas bicicletas no mundo, de diversos modelos, e cores variadas, foi aí que ele pegou o código, não preciso pedir, preciso acessar e para acessar, preciso ser específico, foi então que ele orou assim: Pai, já te agradeço pela a minha bicicleta modelo americana, da cor azul, e ele foi detalhando cada detalhes específico que queria na bicicleta, alguns dias depois, ele recebeu a tão sonhada bicicleta de um irmão do seu vilarejo, e ousou mais, queria uma escrivaninha para pode estudar a palavra de Deus em sua casa, e ele foi diretamente específico, e alguns dias depois, recebeu a sua escrivaninha, e ele foi ousando, foi acessando cada vez mais, pediu uma igreja de 100 membros, depois de 500, depois mil membros e depois uma igreja de 10.000 membros, e então a sua igreja se tornou a maior igreja do mundo, hoje é a maior igreja da Coreia do Sul, ele na sua luta interna, aprendeu a governar e acessar o kairós, de uma forma tão natural, que aquilo se tornou simples na vida dele e ele começou a ensinar, tudo é simples, as pessoas que deixa tudo complexo, Deus é simples, Ele não deixou o   acesso   complexo.

Tudo que você fizer, seja intencional e específico, seja direto, vá direto ao ponto, seja detalhista, Deus ama quem é dessa forma, seja ousado.

Agora que você tem todas as munições e armamento bélicos, você está pronto para a guerra e foi ativado para o reino, se você chegou até aqui, sabia que você já é mais que vencedor e está à frente dos demais, não siga o efeito manada, sigo na contramão do sistema, seja único, seja diferente, seja você mesmo.

Estamos juntos até depois do fim.

Sistema atualizado com sucesso, upgrade efetuado!

Vou deixar 3 tarefas para você executar, não é obrigatório fazer,

mas se realmente você quer mudanças em sua vida, você vai executar e obter resultados.

Tarefa 1 - Qual é a história que você vai escrever?

_____

_____

_____

_____

_____

_____

_____

_____

Tarefa 2 - Qual comando você pegou e já está aplicando?

_____

_____

_____

_____

_____

_____

_____

_____

Tarefa 3 - Me siga no instagram, vamos aumentar esse movimento e me chama no direct, me conte o que de mais precisos você achou nesse livro, meu instagram @souleandroaraujo.

_____

_____

_____

_____

_____

_____

_____

_____

www.ingramcontent.com/pod-product-compliance
Lightning Source LLC
Chambersburg PA
CBHW070613220526
45467CB00003B/1414